Cláudio Humberto Duarte Barbosa

LEI DE RECUPERAÇÃO E FALÊNCIA DE EMPRESAS – ASPECTOS CONTÁBEIS DA ADMINISTRAÇÃO JUDICIAL

Comentários à Lei 11.101/2005,
com nova redação pela Lei n° 14.112/2020

ALL PRINT
EDITORA

LEI DE RECUPERAÇÃO E FALÊNCIA DE EMPRESAS – ASPECTOS CONTÁBEIS DA ADMINISTRAÇÃO JUDICIAL

Dados Internacionais de Catalogação na Publicação (CIP)
(Câmara Brasileira do Livro, SP, Brasil)

Barbosa, Cláudio Humberto Duarte
Lei de recuperação e falência de empresas : aspectos contábeis da administração judicial : comentários à Lei 11.101/2005, com nova redação pela Lei n° 14.112/2020 / Cláudio Humberto Duarte Barbosa. -- 1. ed. -- São Paulo : All Print Editora, 2021.

ISBN 978-65-5822-075-6

1. Direito 2. Contabilidade 3. Falências - Leis e legislação 4. Falências - Leis e legislação - Brasil 5. Recuperação judicial (Direito) - Leis e legislação - Brasil I. Título.

21-71951 CDU-347.736(81)(094.56)

Índices para catálogo sistemático:

1. Brasil : Leis comentadas : Falência : Direito comercial 347.736(81)(094.56)

Maria Alice Ferreira - Bibliotecária - CRB-8/7964

Capa

Mendes Comunicação

Projeto gráfico, editoração e impressão:

ALL PRINT EDITORA
www.allprinteditora.com.br
info@allprinteditora.com.br
(11) 2478-3413

Dedico este trabalho, em especial,
à Professora Idamir, amada mãe,
forte como ela só,
minha primeira Mestra,
a quem renovo a minha gratidão,
por ensinar-me as primeiras letras,
nas lições do seu coração.
Aos meus filhos, meus mestres,
Eliza, médica, Juan, internacionalista,
Luiza, missionária, ao Mn. Gadelha,
e a Rebecca, atleta e estudante,
obrigado a vocês, que me tem sido
a melhor companhia,
por tanto me ensinarem, todo dia.
Em algum lugar, in memorian, a melhor
inspiração deste trabalho,
ao meu pai
Deoclecio Gadelha Barbosa (1935-2010),
ao meu irmão
Cícero Augusto Duarte Barbosa (1961-2020).

AGRADECIMENTOS

Somente a coragem, muito além da experiência ou conhecimento, podem justificar este livro, mas, bem mais que isso, minha base mais sólida, que será sempre minha família, toda ela, desde seu núcleo original, que muito me inspira.

Meus ensinamentos para mais esta experiência, estão alicerçados na sabedoria do meu pai Deoclecio Gadelha Barbosa (1935-2010) e na competência e saber jurídicos do meu irmão Benedito Marcos Duarte Barbosa, que me honra prefaciando este trabalho e até hoje, nos últimos instantes dos meus prazos, me orienta o que fazer.

A eles credito, integralmente, meu gosto pela leitura jurídica, não somente isso, como todo o estímulo que sempre recebi, traduzido em algum aprimoramento, mínimo que seja, que para mim é muito, que possa ter alcançado – penso eu – diante das incansáveis lições e correções práticas sobre a Ciência do Direito.

Caros leitores, confesso que por um momento, quando da publicação do primeiro livro *Perícia Contábil,* sob honrado patrocínio do SESCON-PA, pensei em nem começar, não me expor, mas veio o incentivo certo, na hora certa, na lição do Professor Humberto Mendonça, dileto diretor da Facimab, de Marabá-PA., onde tive a honra de ministrar as disciplinas Perícia Contábil e Fraudes Contábeis e Patrimoniais, que me lembro como se fosse hoje: *"Professor Cláudio Humberto, não desista, nem todos dão a cara à tapa, o senhor está fazendo algo inédito no meio contábil em nossa região!"*. Não desisti, meu caríssimo amigo, aqui estamos, mais uma vez!

Também não desisti nesse ano 2020, mesmo diante de tantas perdas de amigos do magistério e da profissão contábil, mais ainda ante à inesperada perda do meu irmão Cícero Augusto, o mais velho de nós, um verdadeiro companheiro de jornada, um exemplo profissional que sempre seguimos e guardaremos, por inegável benção de Deus, como diz o prefaciador.

Quanto ao conteúdo prático deste livro, devo-o e agradeço, principalmente, aos Meritíssimos Senhores Juízes de Direito, titulares, Álvaro José Norat de Vasconcelos, 12ª Vara Cível e Empresarial, com quem experenciei o primeiro processo de Recuperação Judicial, atualmente convolado em falência, outras recuperações judiciais em andamento e falências; Ivan Delaquis Perez, 2ª Vara Cível e Empresarial de Castanhal-PA., nossa primeira Recuperação Judicial cujo processo foi finalizado a teor do art. 47, da lei; Cristiano Arantes e Silva, onde também atuamos em recuperações judiciais em andamento e falências.

Agradeço, ainda, as orientações da equipe ministerial da Promotoria de Justiça de Tutela das Fundações Privadas, Associações de Interesse Social, Falência e Recuperação Judicial e Extrajudicial, bem como, o seguro e sempre disponível magistério jurídico do ilustre advogado e bom amigo, professor titular da UFPa., Clóvis Cunha da Gama Malcher Filho e os apoios financeiros de Centro Elétrico, Y.Yamada e Grupo Bertillon.

Belém, 20 junho de 2021.

PREFÁCIO

Prezado Leitor, em primeiro momento, permita-me parabenizá-lo pela aquisição desta obra.

Com ela e a partir dela, ao trilhar os caminhos que certamente levarão você a uma melhor interpretação e aplicação da Lei de Recuperação Judicial e Extrajudicial de Falências, você seguramente terá a seu dispor uma abordagem eminentemente técnica, sob a luz da ciência Contábil, bastante objetiva e capaz de elucidar na prática as complexidades desse tema, indo além da exclusiva visão de hermenêutica jurídica que, como sabemos, é facilmente encontrada nos meios acadêmicos do mundo jurídico.

E não poderia ser diferente, tratando-se de um Autor como o Cláudio Humberto, a quem eu conheço de corpo e alma.

Claudio Humberto tem se mostrado, a cada incursão literária, como um escritor com amplo e profundo conhecimento da Contabilidade e com rara habilidade e disposição para discorrer sobre um tema tão árido que, de certa forma, tem sido pouco explorado quando se busca, na literatura contábil, conteúdo semelhante, mas que poderia estar francamente acessível aos interessados.

A despeito disso, cumpre-me registrar a existência de outros autores que já discorreram sobre o tema central deste livro. Entretanto, na seara contábil esses autores ainda são pouco comuns, sobretudo quando se precisa aprofundar a compreensão e aplicação dessa lei, cotejando a vontade legal com as regras da Contabilidade e a necessidade de administração da justiça frente à recuperação econômica e financeira de uma empresa.

Nesse sentido, esta obra, embora técnica, se propõe a ir além do que, no mundo jurídico, se convencionou chamar de *doutrina jurídica*, a qual é facilmente encontrada nas estantes das livrarias especializadas.

Em breve síntese, impende destacar que o Autor conseguiu traçar nos seis capítulos do livro uma espécie de roteiro para a integração entre a normativa contábil e a norma jurídica abstrata referente à recuperação judicial e extrajudicial de empresas falimentares.

Nesse curso, o caminho a ser percorrido pelo administrador da falência, sob a tutela judicial, poderá manejar o leme jurídico apoiado nas diretrizes contábeis. É que perfeitamente transparece nos primeiros três capítulos do livro. Nos seguintes capítulos, 4 e 5, o Autor deu enfoque à atuação do administrador falimentar que, se bem orientado pelo ordenamento jurídico e cioso dos fundamentos e princípios contábeis, chegará a um porto seguro quanto à recuperação econômica e financeira da empresa em recuperação, seja judicial ou extrajudicial.

Convém ressaltar que ao longo da obra, o Autor fundamentou-se adequadamente do pronunciamento doutrinário de melhor envergadura, respeitante ao tema abordado, o que dá significativo respaldo ao leitor oriundo do meio jurídico.

A proposta deste livro que, no meu sentir, foi alcançada, é de servir não somente aos contabilistas e demais profissionais que exercitam o cotidiano da Contabilidade e que atuam no campo da recuperação judicial e extrajudicial de empresas, mas, diria com a maior segurança possível, em especial aos magistrados, advogados, professores, alunos e todos aqueles que necessitem incursionar por este tema.

Com efeito, nesta obra, o leitor encontrará observações empíricas mescladas com análises teóricas sobre a complexidade da recuperação judicial e o trabalho do administrador judicial, inestimável e indispensável auxiliar da Justiça, a partir da visão científica da Contabilidade e, por evidente, de um profissional largamente experimentado como o Autor Cláudio Humberto.

Atente, caro leitor, à harmonização no emprego dos inúmeros conceitos e princípios contábeis, tais como o gerenciamento do patrimônio ou o exercício das competências legais do administrador judicial no curso de uma recuperação judicial.

A técnica contábil será e deverá ser o fiel da balança que ajudará na melhor interpretação e aplicação da lei, posto que, se o conhecimento da norma jurídica é necessário e inafastável, o conhecimento e o correto emprego da técnica contábil são imperativos e essenciais.

Por derradeiro, cabe-me ressaltar que o esforço literário empreendido pelo autor avança às margens do louvável, eis que revela a índole daquele que, por meio de um livro, busca contribuir para a democratização do conhecimento e assim possibilitar que a soma dos conhecimentos técnicos quando orientados à realização da justiça, é sempre maior que o conhecimento estrito e segregado entre as partes que o compõem.

Parabéns ao Professor Claudio Humberto Duarte Barbosa pela solidez e dignidade profissional que permeou ao longo dos anos o exercício da profissão que sabiamente abraçou e, sobretudo, pela humanidade geneticamente herdada que o torna um ser humano exemplar.

Benedito Marcos Duarte Barbosa
Advogado aposentado e irmão do Autor por inegável benção de Deus.

SUMÁRIO

INTRODUÇÃO AOS COMENTÁRIOS

Lei nº 11.101, de 9 de fevereiro de 2005
Regula a recuperação judicial, a extrajudicial e a falência do empresário e da sociedade empresária.

1. Noções Gerais

A recuperação judicial e a falência de empresários e empresas, regulamentada pela Lei nº 11.101, de 9 de fevereiro de 2005, nos dizeres de Ulhôa, 2010, que assim se expressa:

> "A medida judicial de preservação do devedor relativamente à falência deixa de ser a concordata (preventiva o suspensivo) e passa a ser a recuperação judicial." (item 1 – Principais alterações na lei de falências".

Toledo e Abrão, ao definirem:

> "Sai a concordata preventiva e sua irmã menos presente, a suspensiva. Renova-se a falência, pondo-se de lado velhos defeitos, e adequando-se às necessidades econômicas dos tempos de hoje" (fls. 49).

Tem essa lei por objeto a viabilização de mecanismos para a superação da situação de crise econômico-financeira do devedor, a fim de lhe permitir sua manutenção como fonte produtora, bem como de emprego dos seus trabalhadores e dos interesses dos seus credores, promovendo, igualmente, a preservação da própria empresa, exatamente por sua função social, fato que *per se* justifica todo e qualquer estímulo à atividade econômica.

Ocorreram mudanças introduzidas com nova redação pela Lei nº 14.112, de 24.12.2020, decorrente do Projeto de Lei do Senado nº 18, de 2016, de autoria do Senador Fernando Bezerra Coelho (PL 8238/2017), que incluiu novos e eficientes mecanismos para resolver situações de crise empresarial.

O espírito dessa lei, por sua vez, insculpido no seu art. 47 manteve-se e se espera seja aperfeiçoado cada vez mais na sua prática.

A lei em comento, portanto, em sua nova redação, mantem-se permeada por inúmeras menções diretas e indiretas à matéria que constitui o objeto da ciência contábil, ou seja, o patrimônio empresarial ou conjunto de bens, direitos e obrigações sujeito às modificações por suas receitas e despesas, que compõem o todo da equação patrimonial.

2. Breves referências à Contabilidade, na lei e na história

Nesse sentido, destaca-se o reconhecimento de sua importância, por Ulhôa, *in* Comentários à Lei de Falências e de Recuperação de Empresas, 2010, fls. 178, a saber:

> "...O empresário individual ou a Sociedade empresária, ao requerer o benefício da recuperação judicial, submete-se ao dever de transparência. Fica, por assim dizer, suspenso o sigilo da escrituração mercantil como uma contrapartida do benefício que pleiteia. De fato, sem ter acesso às informações que permitam avaliar a realidade da empresa em crise, nenhum credor estará em condições de proferir voto consciente na apreciação do plano de recuperação pela Assembleia Geral".

O estudo da ciência contábil, objetiva, por sua vez, quantificar e qualificar o patrimônio das empresas sob diversos aspectos inter-relacionados, entre os quais destacam-se os aspectos econômicos, administrativos, financeiros e jurídicos que ao cotejo de documentos imprescindíveis permitirão ao juiz, autorizar o processamento de pedidos de recuperação judicial, ou não.

A relevância dessa instrução da exordial, baseada na documentação contábil, é destacada por Araújo, em Comentários a Lei de Recuperação de Empresas e Falência, 2009, fls. 124/125, ao proferir seguinte pensamento:

> Na previsão do Art. 51, ora de exame, o processo de recuperação judicial dividisse em três fases: primeira fase: postula tório, em que o empresário individual ou a Sociedade empresária apresentou requerimento, cuja petição inicial deverá ser instruída com a documentação ali exigida. No sistema da atual lei, o devedor deve apresentar maior documentação.
>
> ...
>
> Devem ser produzidos obedecendo estritamente a alergia relação societária aplicável e a legislação sobre contabilidade, devendo constar obrigatoriamente: a) Balanço Patrimonial; b) demonstração de resultado acumulado; c) demonstração do resultado desde o último exercício social; d) relatório gerencial de fluxo de caixa sua projeção.

Com inegável clareza, a ciência contábil deve ser tomada como forte instrumento de análise, avaliação e mensuração do patrimônio empresarial e da capacidade econômico-financeira das empresas e empresários, para os fins a que destinam as ações cíveis de recuperação de empresas.

É fundamental, por esta razão, a elaboração de estudos preparatórios, com base nas informações contábeis válidas na forma da lei, não somente nestas, para embasar de maneira insofismável a estratégia jurídica que promoverá competente ação judicial.

Diante dessa realidade, somos instados a estudar e a interpretar essa lei, não somente sob o aspecto jurídico, mas sobretudo sob a ótica contábil, de forma a buscar melhor compreensão quanto aos dispositivos que afetam objetivamente esse tipo de demanda judicial, especialmente aos profissionais da contabilidade, contadores, no exercício da honrosa função de administrador judicial.

Nosso estudo é despretensioso, nos limitando, em nossos pensamentos, por todos os diversos saberes pelos renomados autores e mais o que dispõe a legislação pertinente.

Capítulo 1

CONTABILIDADE, A CIÊNCIA GERENCIAL DO PATRIMÔNIO

3. Função Gerencial da Contabilidade

Para a finalidade deste livro, não aprofundaremos em conceitos relacionados ao título aqui estudado, apenas nos importa destacar que a Ciência Contábil, no dizer do festejado, quanto saudoso contador e educador, Professor Antônio Lopes de Sá, assim se estabelece:

> "Em cada época, em cada escola, a Contabilidade foi, todavia, envolvida por metodologias de outras disciplinas (Matemáticas, Direito, Administração e Economia, principalmente), até que conseguisse através do *patrimonialismo* tornar-se completamente autônoma." (grifamos)

Completa o insigne educador Lopes de Sá:

> De todas, entretanto, a que seria deveras a predominante, foi a que atribuiu como objeto da Contabilidade o patrimônio dos empreendimentos, criando a mais poderosa corrente de pensamento doutrinário e que é a do *Patrimonialismo*.

Aqui, buscamos destacar *prima facie* que o patrimônio é o objeto da Contabilidade, o que atrai os conhecimentos especializados desta ciência para quaisquer processos judiciais que envolvam essa perspectiva.

A contabilidade, de fato, protagoniza importante papel do estudo do patrimônio, não somente equacionando-o em todos os seus componentes, como mensurando-o, mediante registros através do consagrado método simétrico das partidas dobradas, descrito em 1494, na Itália, conforme o magistério do eminente prof. Antônio Lúcio Martin de Melo, *in* Práticas Contábeis & Renascimento, 1982.

> A *Summa de Arithmetica, Geometrica, Proportioni et Proportionalita* do Frei Luca Pacioli (1445-1514), obscureceu o Triparty. As dissertações históricas mais antigas saltam diretamente dp Liber abaci, de 1202, para a *Summa*, de 1494, olvidando a de Chuquet e a de outros do período intermediário".

No capítulo *Particulario de computies et Scripturis*, dessa obra são estudados fundamentos da Contabilidade por Partidas Dobradas.

A contabilidade, portanto, permite conhecer o patrimônio, quanto as suas modificações qualitativas e quantitativas.

Nisso, consiste o inequívoco e autêntico caráter que atribuímos à Contabilidade como sendo a ciência gerencial do patrimônio e sua consequente relevância em relação aos aspectos preconizados no art. 47 da lei sob comento, sobretudo quanto à superação da situação de crise econômico-financeira-patrimonial dos devedores sujeitos a tal instituto.

4. Universalidade dos conceitos contábeis

Nesse sentido, a ciência contábil se ajusta às demais ciências e às exigências de mercado e da própria mensuração qualificativa e quantitativa do patrimônio empresarial, de forma à refletir a estrutura do balanço patrimonial em todos os seus aspectos, em linguagem global.

Um exemplo dessa dinâmica, refletida a partir de legislações internacionais, a ainda recente extinção dos grupos denominados *Ativo Diferido, Resultado de Exercícios Futuros, Reservas de Capital* entre outros, sem deixar de retratar fidedignamente a equação patrimonial, mediante nova formatação, porém, ajustada a critérios internacionais, por exemplo, o balanço patrimonial, passando a ser assim demonstrado:

BALANÇO PATRIMONIAL
(aprovado pela Lei nº 6.404/76, com redação das Leis nº 11.941, de 2009 e nº 11.638, de 2007)

ATIVO	**PASSIVO**
CIRCULANTE	CIRCULANTE
NÃO CIRCULANTE	NÃO CIRCULANTE
REALIZÁVEL A LONGO PRAZO	PATRIMÔNIO LÍQUIDO
- Investimentos	*- Capital Social*
- Imobilizado	*- Reservas de Capital*
- Intangível	*- Ajustes de Equivalência Patrimonial*
	- Reservas de Lucro
	- Ações em Tesouraria
	- Prejuízo Acumulado

Também, no rol de adequação às exigências do mercado, que reflete a dinâmica contábil-patrimonial, inclusive na esteira das tendências de ordem global, foram adotados, entre outras inovações estruturais, novos critérios de avaliação de Ativos e Passivos patrimoniais, com a introdução ou efetivação legal do conceito de valor justo (*fair value*) e para os testes de recuperabilidade do valor dos ativos patrimoniais (*impairment test*), fato que muito importa em recuperações judiciais de grandes grupos econômicos.

No que refere a novos critérios de avaliação de Ativos, Schmidt e Santos, *in* Avaliação de Ativos Intangíveis, 2009, fls. 1, 2, corroboram entendimento quanto a extensão dos efeitos globais de medidas econômicas:

> 1.2. Definição de ativos intangíveis
> Existe uma preocupação cada vez maior por parte de profissionais e pesquisadores do mundo inteiro sobre o *gap* existente entre o valor econômico de uma entidade seu valor contábil.

Entendem os referidos autores, que tal fato decorre de novas metodologias e mecanismos econômicos, os quais resultam em entendimentos mais consentâneos aos dias atuais:

> Essa diferença de valor vem crescendo ainda mais nos últimos anos, em função, especialmente, da relevância assumida pelos ativos intangíveis em relação aos ativos tangíveis na composição patrimonial das entidades.

E, concluem:

> Desse cenário resultam problemas de como as entidades devem avaliar e tratar contabilmente seus intangíveis, inclusive o *goodwill*.

Veja-se que a ciência contábil devidamente atualizada por demandas próprias de um mundo globalizado, permite correta análise da estrutura patrimonial, ao permitir uma avaliação mais transparente do patrimônio empresarial.

5. Aspectos Contemporâneos

É o que revela, a propósito dessa contemporaneidade, a inserção de artigo novo na lei de recuperação e falências, com a nova redação dada pela Lei nº 14.112, de 24.12.2020, relativamente a insolvência transnacional.

> Art. 167-A. Este Capítulo disciplina a insolvência transnacional, com o objetivo de proporcionar mecanismos efetivos para:
> I - a cooperação entre juízes e outras autoridades competentes do Brasil e de outros países em casos de insolvência transnacional;
> II - o aumento da segurança jurídica para a atividade econômica e para o investimento;
> III - a administração justa e eficiente de processos de insolvência transnacional, de modo a proteger os interesses de todos os credores e dos demais interessados, inclusive do devedor;
> IV - a proteção e a maximização do valor dos ativos do devedor;
> V - a promoção da recuperação de empresas em crise econômico-financeira, com a proteção de investimentos e a preservação de empregos; e
> VI - a promoção da liquidação dos ativos da empresa em crise econômico-financeira, com a preservação e a otimização da utilização produtiva dos bens, dos ativos e dos recursos produtivos da empresa, inclusive os intangíveis.
> § 1º Na interpretação das disposições deste Capítulo, deverão ser considerados o seu objetivo de cooperação internacional, a necessidade de uniformidade de sua aplicação e a observância da boa-fé.
> § 2º As medidas de assistência aos processos estrangeiros mencionadas neste Capítulo formam um rol meramente exemplificativo, de modo que outras medidas, ainda que previstas em leis distintas, solicitadas pelo representante estrangeiro, pela autoridade estrangeira ou pelo juízo brasileiro poderão ser deferidas pelo juiz competente ou promovidas diretamente pelo administrador judicial, com imediata comunicação nos autos.
> § 3º Em caso de conflito, as obrigações assumidas em tratados ou convenções internacionais em vigor no Brasil prevalecerão sobre as disposições deste Capítulo.

> § 4º O juiz somente poderá deixar de aplicar as disposições deste Capítulo se, no caso concreto, a sua aplicação configurar manifesta ofensa à ordem pública.
>
> § 5º O Ministério Público intervirá nos processos de que trata este Capítulo.
>
> § 6º Na aplicação das disposições deste Capítulo, será observada a competência do Superior Tribunal de Justiça prevista na alínea "i" do inciso I do **caput** do art. 105 da Constituição Federal, quando cabível.

Apenas nesse artigo introduzido, para se dar ideia da importância que se deve ter com a questão contábil, conforme sancionada a referida lei, há importantes conceitos contábeis como *insolvência, valor dos ativos, liquidação dos ativos*, que merecem absoluta compreensão técnica por parte dos administradores judiciais.

Em raso conceito, a insolvência transnacional se caracteriza quando os ativos do devedor não estão localizados em único país e até mesmo em mesmo estado de um país, se admitida a territorialidade geográfica, obrigando-se que seja conduzido o processo principal, apesar de suas múltiplas jurisdições.

Que tratamento contábil aplicar ao reconhecimento e valoração de ativos quando se tem legislações diferentes por diversos países?

Não se limita ai a inserção de artigos que trazem na sua essência o conteúdo contábil, como também se verifica no artigo seguinte:

> Art. 167-W. No processo falimentar transnacional, principal ou não principal, nenhum ativo, bem ou recurso remanescente da liquidação será entregue ao falido se ainda houver passivo não satisfeito em qualquer outro processo falimentar transnacional. (Incluído pela Lei nº 14.112, de 2020)

Novamente exsurgem os conceitos contábeis de *ativo, passivo, etc.* confirmando-se a transversalidade da ciência Contábil e seus princípios.

A Contabilidade, no Brasil, como no mundo, requer dedicada aplicação quanto ao cumprimento de normas e princípios contábeis, atualmente sujeitos a normas internacionais, a fim de garantir adequada evidenciação da equação patrimonial, sem os reflexos distorcidos próprios de regras fiscais, tributárias, societárias, entre tantas.

Tais adequações legislativas, como o casso de regras de avaliação de ativos objetivam a evidenciação e apresentação do patrimônio em seus valores reais, ao contrário do que era mensurado a valores históricos, sem melhores critérios que reconhecessem, por exemplo, efeitos inflacionários, valores de mercado para certos ativos, entre outros pontos.

A não observância de tais condições sujeitava o gestor do patrimônio do devedor a uma incorreta avaliação desse patrimônio, a partir de indicadores econômico-financeiros distorcidos, impondo-se, ainda, grandes limitações, quando não, a impossibilidade de efetivo conhecimento da equação patrimonial, por exemplo, para os fins de recuperação judicial das empresas.

Nesse sentido, observa Zanna *in* Contabilidade Instrumental para Peritos, 2016, p. 412/413:

> d) O escopo da Lei n. 11.101, de 09.02.2005, é blindar a empresa contra as ações de credores e de concorrentes que pretendo levá-la à falência. O espírito desta lei é ajudar a empresa a atravessar certa fase crítica de liquidez e rentabilidade. Isto será feito, em primeiro lugar, mediante a negociação inteligente de suas dívidas e, em seguida, alterando a estratégia de administração de seus negócios. O trabalho de recuperação judicial visa proteger o fluxo de caixa e sua renda para que se torne viável novamente, contribuindo, assim, com economia do país pela manutenção de empregos diretos e indiretos, pela satisfação das necessidades da sociedade e pelo pagamento dos impostos. A reestruturação conduzida pela autoridade judicial implica na presença do "administrador judicial" e, eventualmente, a recomposição do capital social com novos sócios e novos administradores.

A referida lei de recuperação judicial de empresas, nesse sentido comentado por Zanna, ao tratar de fluxo de caixa e viabilidade das empresas, traz à baila, justamente, segundo compreendemos, a própria essência da contabilidade gerencial do patrimônio que nada mais representa que a leitura técnica e não apenas jurídica dos efeitos de uma recuperação das empresas no âmbito judicial.

Capítulo 2

O CONCEITO CONTÁBIL, NA LEI DE RECUPERAÇÃO DE EMPRESAS

6. Contabilidade e o propósito da Lei

A lei em comento, traz no seu bojo um conjunto de regras jurídicas para promover a recuperação de empresas em crise econômico-financeira, a teor do espírito dessa lei, insculpido no seu art. 47.

> *LEI Nº 11.101, DE 9 DE FEVEREIRO DE 2005*
> *Art. 47. A recuperação judicial tem por objetivo viabilizar a superação da situação de crise econômico-financeira do devedor, a fim de permitir a manutenção da fonte produtora, do emprego dos trabalhadores e dos interesses dos credores, promovendo, assim, a preservação da empresa, sua função social e o estímulo à atividade econômica.*

Não obstante o ordenamento jurídico e econômico predominante no texto da lei, traz ainda em seu bojo, muitos dispositivos que contém aspectos eminentemente contábeis ou sobre os quais recaem a necessidade mínima de discernimento técnico nessa área científica para a correta compreensão tais conceitos.

Aliás, o próprio art. 47, que ressalta na lei objetivo de viabilizar a superação da situação de crise econômico-financeira do devedor, revela por essa mesma motivação, a essência que devemos atribuir à Contabilidade, do caráter de ciência gerencial do patrimônio, à medida em que se utilizará das ferramentas contábeis para melhor administração da empresa em crise.

Destacamos Milani, *in* Lei de Recuperação Judicial, Recuperação Extra Judicial e Falência Comentada, Malheiros Editores, 2011, fls. 201, que ensina sobre o espírito da lei, insculpido no seu art. 47:

> 257. Crise econômico-financeira.
>
> Doutrina Jorge Lobo: "a verificação se a empresa se encontra em estado de crise econômico-financeira deve dar se caso a caso, por ser uma questão puramente de fato, embora com consequências jurídicas e legais; o seu conceito, como acentuei allures, é "metajurídico, aberto e cambiante" e abarca as noções clássicas, de índole essencialmente financeira, de (a) Inadimplemento de obrigação pecuniária, (b) iliquidez e (c) Insolvência, embora nelas não se esgote, visto que as dificuldades da empresa podem ser de ordem administrativa, gerencial, estrutural, operacional, societária, sucessória etc., as quais, a curto e médio prazos, podem converter-se em crise financeira de nefastas consequências (...)

É inconfundível a remissão da lei, à Contabilidade, sendo esta, a ciência gerencial do patrimônio.

Conceitos contábeis-financeiros, relacionados à capacidade financeira das empresas, tais como, a iliquidez e a insolvência contidos na valorosa doutrina de Jorge Lobo, também são citados pelos autores Toledo e Abrão *in* Comentários à Lei de Falências e de Recuperação de Empresas, fls. 177, revelam a medida e importância do conceito contábil na lei de recuperação e falência de empresas.

> 5.1.2. Iliquidez
>
> Iliquidez é o inadimplente provisório do devedor, que ocorre quando ele não dispõe de meios financeiros para pagar, pontualmente, suas dívidas líquidas, certas e exigíveis, embora possua suficientes bens e direitos para satisfazer suas obrigações e dívidas vencidas e, também, as vincendas.
>
> 5.1.3. Insolvência
>
> Insolvência é o inadimplente definitivo e irremediável, que se dá quando o ativo permanente, realizável a longo prazo e circulante do devedor, estimado pelo seu real valor, é inferior ao passivo circulante e exigível a longo prazo.

Mas, não se limitam aí tal importância, porquanto, destaca ainda Milani, 2011, mesma obra antes citada, fls. 201, a respeito de Lobo:

> "... a verificação se a empresa se encontra em o estado de crise econômico-financeira deve dar se caso a caso, por ser uma questão puramente de fato...".

De fato, aduzimos sem maior esforço interpretativo, que a verificação a que se referem os autores, se a empresa se encontra ou não em o estado de crise econômico-financeira é de natureza contábil e deve ser fundamentada de maneira individualizada com base nessas informações.

Sobre significado instrumental do verbete verificação, temos, no melhor estudo de Antônio e Ana Maria Lopes de Sá, *in* Dicionário de Contabilidade, 2009, fls. 467, a seguinte definição:

> "Verificação de escritas – Exame de escritas; perícia; auditoria; observação de uma escrita a fim de observar se ela corresponde à verdade."

Continuam, às fls. 467, do mesmo dicionário, pai e filha, renomados dicionaristas:

> "Os exames de escrita processam-se de acordo com o plano predeterminado ou seguidos e quesitos formulados, que objetivo o conhecimento de um fato."

Portanto, efetuar uma verificação não é, nem corresponde a ato meramente protocolar, muito menos uniforme, ao contrário, se o espírito da lei inserto no dispositivo que se ora comenta (art. 47) dispõe que *"...por objetivo viabilizar a superação da situação de crise econômico-financeira do devedor..."*, não se está tratando de juntar amontoado de papéis estanques em forma de demonstrações, mas, de dar sentido contábil a um pedido juridicamente e igualmente fundamentado.

Tais entendimentos, em nossa visão técnica-contábil, são corroborados por mais um posicionamento que remete à análise puramente contábil, tal como enxergamos, em nossa visão sobre essa lei, pelo que também citamos Maria Helena Diniz, em singular magistério *in* Lições de Direito Empresarial, 2011, fls. 197, ao observar que:

> 3. Recuperação empresarial.
>
> Antes que o descumprimento do dever de pagar gere a presunção e a certeza da insolvência do empresário devedor, a norma jurídica lhe concede a chance de pedir sua recuperação e de provar que pode sair da má situação em que, temporariamente, se encontra. Esse pedido de oportunidade de recuperação poderá ser feito diretamente aos credores (extrajudicial), instaurando o concurso de observação, definindo o plano de recuperação que, sendo aprovado pelos credores, será homologado pelo juiz.

Note-se que a autora faz referências à *"... certeza da insolvência do empresário devedor"*, portanto, caracterizadamente dentro do significado atribuído por Antônio e Ana Maria Lopes de Sá, *in* Dicionário de Contabilidade, 2009, fls. 263, que destacamos:

> Insolvabilidade financeira – Fato patrimonial que se caracteriza pela incapacidade de pagamento de dívidas. Excesso de obrigações sobre os recursos a curto prazo. A insolvência é atingida quando a empresa está em desequilíbrio com os valores que representa o seu sistema financeiro. A insolvabilidade pode ser reconhecida através dos índices ou consciente de liquidez.

Conceitos, tais como, iliquidez e insolvência, entre outros, permeiam o texto da lei, tingindo-a de nuances próprias da Ciência Contábil.

Nesse contexto, observando-se caso a caso, continuamos à referenciar Lobo *apud* Milani, *"...por ser uma questão puramente de fato..."*, nos permitimos entender que se autoriza a inferência de que a simples juntada de documentos à exordial não deveria conferir ou garantir, segundo o nosso entendimento e algumas experiências concretas, a concessão automática dos favores dessa lei, diga-se, com máximo respeito aos tratadistas da doutrina empresarial.

Nesse diapasão, ao talante de concessão instrumental dos favores da LRJEF, o propósito dessa lei sob comento, revelar-se-ia nitidamente desvirtuado uma vez que estando ou não a empresa já tecnicamente falida, isso equivale dizer sob a análise de informações contábeis, após exame pericial, poder-se-ia tal empresa abrigar-se na lei sob algum "beneficio" que dela não se lhe lograsse merecedora de seus favores legais.

Coelho, *in* Comentários a Lei de Falência e de Recuperação de Empresas, 2010, fls. 129, traduz de forma absolutamente crítica, esse sentimento nosso, ao seguinte excerto:

> "O modelo brasileiro da recuperação judicial é vulnerável porque ao manter a vinculação entre indeferimento do benefício e decretação da falência e, criar o ambiente propício ao nascimento da 'indústria da recuperação judicial'".

É inequívoco que existem brechas na lei que permitam abrigar os maus devedores, pior que isso, empurrando para o credor tamanha responsabilidade de anuir à tal situação, ao teor da sequência de seu pensamento, fls. 129, no mesmo comentário:

> "O credor, na assembleia em que estiver em votação o plano de recuperação judicial, tenderá a aprovar qualquer rabisco mal feito, porque se não o fizer, o juiz terá que decretar a falência do devedor."

A crítica aqui, pelo respeitado autor, é duríssima, em corroborando sentido de valorização da Contabilidade e suas demonstrações que deveriam instruir minimamente um pedido dessa natureza, a fim de não vir a ser transformado em uma garatuja.

Fabio U. Coelho, ainda às fls. 129, sendo contundente, sentencia, senão vejamos:

> "Para o bem da economia como um todo, os recursos – materiais, financeiros e humanos – empregados nessa atividade devem ser realocados para que tenham otimizada a capacidade de produzir riqueza. Assim, a recuperação da empresa não deve ser vista como um valor jurídico a ser buscado a qualquer custo."

Pessoalmente, entendo que se "a recuperação da empresa não deve ser vista como um valor jurídico a ser buscado a qualquer custo...", então, não pode ser tratada apenas sob viés da saída jurídica, sem qualquer cuidado preparatório ou excludente dessa pretensão, ao contrário, para que o pensamento do autor traduz a necessidade de criteriosa análise contábil-financeira que permita ao juízo, antever eventual situação de uma inevitável falência, em que apenas se tentará retardar a bancarrota, aos auspícios da lei.

Nesse sentido, Maria Helena Diniz, no alto de seu magistério *in* Lições de Direito Empresarial, 2011, fls. 203, leciona sobre falência:

> "É o reconhecimento judicial da inviabilidade da continuidade do empresário devedor no exercício de suas atividades, ante a insuscetibilidade de recuperação judicial..."

Ou seja, quando o empresário devedor, no exercício de suas atividades, não tiver comprovado, em relação a sua pretensão de recuperação judicial, mínima capacidade de atender aos critérios da lei comentada, entende-se impossível ou inviável, sob o critério da ciência contábil requerer tais favores.

Nesse entendimento, vislumbramos que o pensamento do autor revela importante se proceder à criteriosa análise contábil-financeira que justifique a pretensão à recuperação judicial

Retomando à sequência dos dispositivos da lei sob comento na nossa visão contábil, logo no art. 7º, já comentado anteriormente, tem-se ainda:

> *LEI Nº 11.101, DE 9 DE FEVEREIRO DE 2005*
> *Art. 7º A verificação dos créditos será realizada pelo administrador judicial...*

Quando o legislador ordenou a verificação dos créditos, está se referindo, como já o dissemos antes, às dívidas ou obrigações da devedora, que nada mais são que o passivo total da empresa que requer sua recuperação judicial aos auspícios dessa lei.

A Lei 6.404/76 vincula, sob aspecto fiscal-contábil, tal conceito, dispondo da seguinte forma:

> Art. 180. As obrigações da companhia, inclusive financiamentos para aquisição de direitos do ativo não circulante, serão classificadas no passivo circulante, quando se vencerem no exercício seguinte, e no passivo não circulante, se tiverem vencimento em prazo maior, observado o disposto no parágrafo único do art. 179 desta Lei. (Redação dada pela Lei nº 11.941, de 2009)

A referida lei é cotejada pela norma contábil-profissional NBC TG 26 (R5), editada pelo Concelho Federal de Contabilidade, que trata da APRESENTAÇÃO DAS DEMONSTRAÇÕES CONTÁBEIS, ao dispor conceitos eminentemente contábeis sobre passivo circulante e não circulante:

> 72. A entidade classifica os seus passivos financeiros como circulante quando a sua liquidação estiver prevista para o período de até doze meses após a data do balanço, mesmo que:
> o prazo original para sua liquidação tenha sido por período superior a doze meses; e
> um acordo de refinanciamento, ou de reescalonamento de pagamento a longo prazo seja completado após a data do balanço e antes das demonstrações contábeis serem autorizadas para sua publica*ção.*
> 75. O passivo é classificado como não circulante se o credor tiver concordado, até a data do balanço, em proporcionar uma dilação de prazo a terminar pelo menos doze meses após a data do balanço, dentro do qual a entidade pode retificar a quebra de *covenant* contratual (reenquadramento nos índices de endividamento e cobertura de juros, por exemplo,) e durante o qual o credor não pode exigir a liquidação imediata do passivo em questão. (Redação alterada pela Resolução CFC n.º 1.376/11)

A partir desta breve consideração, logo nos termos iniciais da lei de recuperação judicial, é introduzido um conceito próprio da Ciência Contábil, dele, não mais podendo o administrador judicial alegar desconhecimento.

Continua o legislador, que para melhor proceder à verificação dos créditos ou obrigações de terceiro (as dívidas da devedora, classificadas como passivo circulante e não circulante), ao administrador judicial impõe-se acessar os livros contábeis e documentos comerciais e fiscais do devedor.

Os livros contábeis do devedor, já referidos anteriormente, são os livros diário e razão e apenas estes.

Livros comerciais e fiscais do devedor, por exemplo, registro de duplicatas, registro de inventário, de entradas de mercadorias, de saídas de mercadorias, entre outros, sujeitam-se a tratamento contábil, não sendo necessariamente livros daquela natureza.

O livro diário tem previsão legal conforme art. 1.180, do Código Civil, que já mencionamos antes, sendo obrigatórios, juntamente com o livro razão, basicamente em forma não digital, devendo revestir-se quando eventualmente impressos, de formalidades extrínsecas, tais como: termos de abertura e encerramento e estejam validados por repartição pública competente, conforme o caso.

No livro diário serão lançados de forma individualizada, a teor de prescrição legal e mediante técnica adequada de contabilização, todos os fatos de natureza contábil decorrentes de atos da gestão, os quais serão individualizados em livro razão.

> 14. No Livro Diário devem ser lançadas, em ordem cronológica, com individualização, clareza e referência ao documento probante, todas as operações ocorridas, e quaisquer outros fatos que provoquem variações patrimoniais.

A verificação constante lá do art. 7º, se dá, portanto, exclusivamente com base nos livros já mencionados, mas, rigorosamente apoiada em documentos comerciais e fiscais apresentados pelo credor, ao habilitar seu crédito.

Nesse sentido, submetida tal documentação, ao devedor, quando se questiona o crédito apontado, pelas razões da habilitação na visão do credor.

Importante ressaltar, que nem todo documento que transita ou se refere a um ato de gestão é por essa razão um documento comercial ou fiscal, não o invalidando, contudo, para os fins de análise tão somente indiciária da procedência, ou não do crédito discutido.

No presente aspecto da lei, documentos comerciais são efetivamente todos os que se relacionam a determinada operação pela empresa devedora (recuperanda) ou credora (fornecedora de serviços ou bens).

Os documentos contábeis-fiscais do devedor também estão relacionados a determinada operação comercial, fechando-se o ciclo da operação, sendo por estas razões, que não esgotam a discussão desse assunto em relação à Contabilidade, como ciência gerencial do patrimônio, que deverá servir de importante instrumento técnico de suporte às articulações jurídicas no que refere aos favores da lei de falência e recuperação judicial do empresário ou empresas.

7. Regras do Direito Contábil

Entendemos o direito em geral, como o conjunto de normas jurídicas, inclusive as normas contábeis, em relação às quais, o direito contábil seria a sistematização de diversos atos normativos que tratam, em análise final, acerca das demonstrações financeiras em todos os aspectos integrantes de sua cadeia laborativa, até que se obtenham tais demonstrações. Nesse sentido, temas interdisciplinares vinculam direito e contabilidade, tais como:

- Código Civil
- Regulamentos tributários
- Decreto regulamentador da profissão
- Código de ética profissional
- Normas Brasileiras de Contabilidade
- Legislações societárias
- Novos padrões contábeis internacionais (IFRS)

A lista acima é meramente exemplificativa, não exaurindo todas as normas que impactam a dinâmica e a própria ciência Contábil.

A exemplo dessas normas que impactam a informação contábil, temos as alterações que decorreram, conforme já mencionamos anteriormente., em relação à extinção de grupos como *Ativo Diferido, Resultado de Exercícios Futuros, Reservas de Capital* que foram reagrupados passando suas informações a integrar outras nomenclaturas, portanto, nova estrutura dentro do balanço patrimonial:

BALANÇO PATRIMONIAL

(aprovado pela Lei nº 6.404/76, com redação das Leis nº 11.941, de 2009 e nº 11.638, de 2007)

ATIVO	**PASSIVO**
CIRCULANTE	CIRCULANTE
NÃO CIRCULANTE	NÃO CIRCULANTE
REALIZÁVEL A LONGO PRAZO	PATRIMÔNIO LÍQUIDO
- Investimentos	*- Capital Social*
- Imobilizado	*- Reservas de Capital*
- Intangível	*- Ajustes de Equivalência Patrimonial*
	- Reservas de Lucro
	- Ações em Tesouraria
	- Prejuízo Acumulado

Corroborando entendimento até aqui esposado, para o presente estudo tomamos algo bem simples que são livros contábeis, porém que não atendida legislação, poderá afetar a segurança contábil (direito contábil) de determinadas informações.

Neste sentido, citamos Milani *in* Lei de Recuperação Judicial, Recuperação Extra Judicial e Falência Comentada, 2011, fls. 102, que didaticamente, discorre acerca da classificação para livros obrigatórios, todos de natureza contábil, a serem manejados pelo administrador judicial:

64. Quais são os livros contábeis? - Os livros, em geral, podem ser classificados em: (1) obrigatórios comuns; (2) Obrigatórios especiais; (3) auxiliares ou facultativos; (4) fiscais.
Os livros obrigatórios comuns são aqueles que, independentemente da atividade que a pessoa física (empresário) ou jurídica (sociedade empresária) escolher ou do tipo societário eleito, tem que ser forçosamente adotados e escriturados. Exemplo: "diário".
Os livros obrigatórios especiais são aqueles que, em razão do tipo societário eleito ou da atividade exercida, tem de ser, outrossim, forçosamente adotados e escriturados. Exemplifiquemos: em face do tipo societário adotado, Tem-se os livros elencados no artigo 100 da lei das S A (Lei .6404/1976), tais como: livro de atas das reuniões de diretoria, livro de atas das assembleias gerais e livro de presença dos acionistas, já tendo em vista a atividade exercida, tem-se o livro de registro das duplicatas previsto no art. 19 da Lei 5474/1968.
Os livros auxiliares ou facultativos são aqueles que, a despeito de não ser instituídos por vontade da lei, auxiliam a pessoa física ou jurídica na sua contabilidade, tais como: razão, que funciona como índice do diário, facilitando o rápido encontro dos lançamentos que nele se faz, e caixa, destinado as operações que se realizou em dinheiro de computador, isto e pagamentos e recebimentos em dinheiro.
Os livros fiscais são aqueles instituídos pela legislação tributária federal, estadual e municipal. Por exemplo: apuração do lucro real imposto sobre a renda e proventos de qualquer natureza, registro de entradas, registro de saídas e registro de apuração do ICMS.

A de direito contábil aqui observada, dispõe, por exemplo, que a escrituração contábil-fiscal para ser considerada em ordem, bem feita, segundo os preceitos legais, deve ser assinada por contabilista devidamente inscrito em Conselho Regional de Contabilidade.

Tal é a condição *sine qua non* para validar, conforme compreendemos, a natureza das operações contidas nas demonstrações contábeis, a fim de que o pedido de recuperação judicial possa merecer segurança, no sentido contábil (direito), e vir a ser admitido.

Leciona Zanna, *in* Contabilidade Instrumental para Peritos, 2016, ao ressaltar a importância de a contabilidade estar muito bem alicerçada:

> "A contabilidade perfeita confere credibilidade à empresa devedora e transmite confiança aos credores".

E deve ser assim, sob pena de se juntar qualquer papelório desprovido de fundamentação legal, quanto técnico-contábil a despeito do conceito contábil na lei de recuperação de empresas.

Maria Helena Diniz, em Lições de Direito Empresarial, 2011, fls. 182, exalta essa importância:

"A escrituração contábil é exerce relevante:
a) *Função fiscal*, por conter, nos lançamentos, dados informativos sobre atividade econômica do empresário, que possibilitam a fiscalização da incidência e recolhimento de tributos.
b) *Função gerencial ou administrativa*, por ser imprescindível para que o empresário ou administrador possa controlar e avaliar o empreendimento feito, registrando todas as suas atividades, os negócios efetuados, as obrigações assumidas, os créditos, as dívidas contraídas, os valores recebidos e despendidos, e, com base nela, tomar decisões administrativas, financeiras e empresariais.
c) *Função documental*, visto que, pelo critério uniforme, constitui, pelas suas informações, um registro demonstrativo dos resultados da empresa para os sócios, interessados na repartição de lucros, ou terceiros investidores, credores, órgão público."

Arremata a mesma autora, às fls. 183, dessa mesma obra:

"A contabilidade é a ciência da escrituração empresarial, por ser um sistema de registro contábil de todos os fatos econômicos da empresa, apreciáveis monetariamente, suscetível de apontar a real situação patrimonial do empresário".

Defendemos, inclusive, por decorrência do conceito contábil (direito) contido na lei de recuperação de empresas, inclusive, quando da concessão de pedidos de recuperação judicial, que a lei deveria dispor de forma impositiva que se procedessem ao exame prévio de demonstrações contábeis anexadas à inicial.

Nesse exame prévio, por meio de laudo pericial contábil, apresentadas as documentações que fundamentam a inicial de uma ação de recuperação judicial, é que será dado conhecer a equação formada por bens, direitos e obrigações quanto ao que dispõe o art. 47, da lei.

Com já mencionado antes, o administrador judicial não pode prescindir do conhecimento especializado do contador, pois, conforme acima esclarecido, poderá ser acionado pelo juiz para que emita seu entendimento acerca da documentação acostada, tudo ao talante do conceito contábil na lei de recuperação de empresas.

8. Princípios Contábeis da Integridade e Objetividade

Nesse sentido, ao profissional da contabilidade impõe-se o dever de cumprir com o princípio da integridade, os quais exigem que ele seja direto e honesto em face a todos os encargos profissionais que assumir, entendendo-se inclusive seu vínculo como administrador judicial ou como auxiliar deste.

NORMA BRASILEIRA DE CONTABILIDADE, NBC PG 100 (R1), DE 21 DE NOVEMBRO DE 2019
SUBSEÇÃO 111 – INTEGRIDADE
111.1A1Integridade implica negociação justa e veracidade.

R111.2 O profissional da contabilidade não deve, de forma consciente, estar associado com relatórios, declarações, comunicações ou outras informações
nos quais ele acredita que as informações:
contenham declaração significativamente falsa ou enganosa;
contenham declarações ou informações fornecidas de maneira leviana;
ou,
omitam ou ocultem informações necessárias em casos em que essa omissão ou ocultação seria enganosa.

Também se impõe o dever de cumprir com o princípio da objetividade, entre outros, não menos importantes, por decorrência natural do seu comprometimento por forças da profissão contábil:

SUBSEÇÃO 112 – OBJETIVIDADE
R112.1 O profissional da contabilidade deve cumprir com o princípio da objetividade que requer que ele não comprometa seu julgamento profissional ou comercial devido comportamento tendencioso, a conflito de interesses ou a influência indevida de outros.

Ambos princípios exigem a correta compreensão das informações contábeis por aqueles que emitem, bem como daqueles que as interpretam ou a utilizam, a fim de não incorrem em penalidades impostas nesta própria lei e também em diversas normas que a esta se relacionam.

9. Verificação dos Créditos

Ainda sobre o conceito contábil, na lei de recuperação de empresas que tratamos neste capítulo, avançamos na interpretação de aspectos que embutem conceitos eminentemente contábeis, ou sobre os quais, recai uma razoável necessidade de discernimento dessa natureza técnica para lidar com tais conceitos, a exemplo:

> *LEI Nº 11.101, DE 9 DE FEVEREIRO DE 2005*
>
> *Art. 7º A verificação dos créditos será realizada pelo administrador judicial, com base nos livros contábeis e documentos comerciais e fiscais do devedor e nos documentos que lhe forem apresentados pelos credores, podendo contar com o auxílio de profissionais ou empresas especializadas.*

Quando o legislador ordena a verificação dos créditos, refere-se, na visão do devedor, à ordenação de dívidas ou obrigações, em outras palavras, referiu-se ao passivo patrimonial das empresas, que remete obrigatoriamente a conceito contábil especifico de patrimônio.

Portanto, a verificação dos créditos em questão (dívidas das empresas e empresários devedores), refere-se aos direitos de terceiros, que forneceram serviços ou mercadorias às empresas e empresários, sendo tais direitos ou créditos desses credores, classificados ordinariamente segundo os fundamentos da ciência contábil, no grupo de contas do passivo pela ótica do devedor, ou, no ativo, pela ótica do credor, ambas posições constantes da equação patrimonial.

Essa equação patrimonial foi consagrada pela corrente doutrinária do patrimonialismo garantindo a *autonomia cientifica da Contabilidade*, comprovando sua ligação a muitas ciências (comum a os demais ramos do conhecimento), mas, possuindo objeto, finalidade e método próprios.

A classificação dos grupos de conta, segundo a regra aplicável às sociedades empresariais e empresários, encontra-se regulamentada na Lei 6.404/76 que dispõe ordinariamente sobre sociedades por ações e subsidiariamente às demais sociedades:

> Art. 180. As obrigações da companhia, inclusive financiamentos para aquisição de direitos do ativo não circulante, serão classificadas no passivo circulante, quando se vencerem no exercício seguinte, e no passivo não circulante, se tiverem vencimento em prazo maior, observado o disposto no parágrafo único do art. 179 desta Lei. (Redação dada pela Lei nº 11.941, de 2009)

Para melhor proceder à verificação dos créditos ou obrigações de terceiros junto a uma empresa devedora, na forma da lei de recuperação, ao administrador judicial impõe-se acessar informações própria da sua contabilidade, através de livros contábeis e documentos comerciais e fiscais do devedor, porquanto a simples apresentação de relatórios gerenciais e até mesmo contábeis, não necessariamente garante a fidedignidade em relação às informações contábeis que venham a veicular.

Nesse sentido, a realização de perícias judiciais contábeis, de forma prévia aos pedidos feitos em ações de recuperação judicial, segundo os dados do Tribunal de Justiça de São Paulo, impediria que partes das empresas que ingressam com pedidos fundamentados na lei de recuperação judicial, sequer chegassem efetivamente ao judiciário.

Araújo, *in* Comentários a Lei de Recuperação de Empresas e Falência, 2009, fls. 38, corrobora entendimento de o AJ valer-se de profissionais com expertise necessária a essa etapa inicial da análise de créditos:

> "O art. 7º, ora em exame determina que a verificação dos créditos seja feita pelo administrador judicial, folgando dessa maneira o trabalho do escrivão da falência. A verificação é mais abrangente, pois o administrador judicial deve verificar os livros contábeis, documentos comerciais e fiscais e aqueles que forem apresentados pelos credores."

Inequívoca valorização da natureza da informação contábil como delineadora, norteadora ou indicadora dessa verificação, uma vez que atribui ao administrador judicial o dever de "verificar os livros contábeis, documentos comerciais e fiscais...", ou seja, constatar, averiguar, examinar, se a base de verificação aqui recomendada pode servir de critério à existência de determinado crédito.

Não acreditamos que a letra da lei seja apenas retórica, ao contrário, se a escrituração contábil deve registrar os atos e fatos da gestão, sendo ainda seu instrumento fiel de orientação e tomada de decisões, é porque sobre essa mesma escrituração contábil e suas demonstrações financeiras atribui-se fundamental importância de qualificação de créditos sujeitos à lei de recuperação e falências.

Continua o autor, às fls. 38/39, ainda sobre art. 7º:

> "No caso de o administrador não ser versado em contabilidade, economia, permite o artigo que ele possa contratar profissionais ou empresas especializadas para o exame dos documentos. Traz profissionais devem ser de preferência contadores, com curso superior, pois a eles cabem análise de balanços e perícias contábeis, diferentemente do técnico de contabilidade, que só está autorizado, legalmente, a fazer lançamentos contábil de débito e crédito e levantar balancetes e balanços."

Aqui, adverte o autor sobre eventual limitação profissional ao AJ, por exemplo, sendo um advogado, provavelmente não terá maior familiaridade com esse tipo de análise de créditos sujeitos à inscrição, se usado critério contábil. Por isso, a previsão legal de contratar "profissionais ou empresas especializadas para o exame dos documentos".

Observa-se uma redundância do autor nesse seu comentário, ao mencionar "contadores, com curso superior...", uma vez que não existe contador sem curso superior. Também, cumpre-nos observar que não é correto afirmar que "... técnico de contabilidade, que só está autorizado, legalmente, a fazer lançamentos contábil de débito e crédito e levantar balancetes e balanços", pois, podem assinar as demonstrações contábeis, não podendo por força do decreto-lei que regulamenta a profissão, executar auditoria e perícia contábeis, ou seja, formalizar os seus respectivos documentos constitutivos da opinião técnica nesses sentidos.

Com efeito, sobre os livros contábeis que a lei de recuperação menciona para fins de suporte às informações constantes nas exordiais (art. 51, Lei 11.101/2005), são os livros diário e razão, que não se confundem com livros de natureza comercial e fiscal do devedor, a exemplo, respectivamente um livro de registro de duplicatas e um livro de registro de entradas de mercadorias.

Nesse sentido de apoiar-se, para os fins de verificação dos créditos, na escrituração da empresa recuperanda ou falida, Fabio Coelho Coelho, *in* Comentários à Lei de Falências e de Recuperação de Empresas, 2010, fls.46, leciona:

> 23. Visão geral da verificação de crédito.
> A verificação dos créditos é tarefa do administrador judicial. Para cumpri-la, deve levar em conta não só a escrituração e documentação do falido, como todos os elementos que eles forem fornecidos pelos credores. Havendo divergência entre o administrador judicial e o ou mais credores acerca dos próprios créditos que titulares vão ou de outros, cabe ao juiz decidir o conflito. O ponto de partida da verificação dos créditos é a publicação da relação de credores.

Estes elementos constitutivos do pedido de recuperação judicial, quando em atendimentos aos seus requisitos intrínsecos e extrínsecos, inclusive devidamente registrados, constituirão a base de todas as verificações relativas à validação dos créditos admitidos em recuperação.

Os documentos contábeis que trata a lei, a exemplo, o livro diário, que tem sua previsão legal conforme art. 1.180, do Código Civil, são todos exigidos por lei, a saber:

> Art. 1.180. Além dos demais livros exigidos por lei, é indispensável o Diário, que pode ser substituído por fichas no caso de escrituração mecanizada ou eletrônica.

Tal regulamentação se aplica ainda aos livros a serem utilizados nessa escrituração:

> ITG 2000 (R1) - ESCRITURAÇÃO CONTÁBIL
>
> Formalidades da escrituração contábil
>
> 9. Os livros contábeis obrigatórios, entre eles o Livro Diário e o Livro Razão, em forma não digital, devem revestir-se de formalidades extrínsecas...

Sustentando disposições da legislação ordinária, também são previstos na legislação contábil profissional, critérios de escrituração comercial, devidamente baseado em princípios normativos profissionais, a saber:

> ITG 2000 (R1) - ESCRITURAÇÃO CONTÁBIL
>
> Formalidades da escrituração contábil
>
> 3. A escrituração contábil deve ser realizada com observância aos Princípios de Contabilidade.

Iudícibus, Marion, Pereira, *in* Dicionário de Termos de Contabilidade, 2003, p. 141, conceituam o livro diário.

> Livro obrigatório (exigido por lei) em todas as empresas. Registra os fatos contábeis em partidas dobradas, na ordem cronológica de dia, mês e ano.

No livro diário serão lançados de forma individualizada, a teor da prescrição legal antes mencionada e mediante técnica adequada de contabilização, todos os fatos de natureza contábil decorrentes de atos da gestão, conforme a disposição legal (ITG 2000 (R1) - ESCRITURAÇÃO CONTÁBIL) a seguir:

> 14. No Livro Diário devem ser lançadas, em ordem cronológica, com individualização, clareza e referência ao documento probante, todas as operações ocorridas, e quaisquer outros fatos que provoquem variações patrimoniais.

A verificação de créditos se dá com base nos livros já mencionados, mas não exclusivamente, devendo ser apoiada também em documentos comerciais e fiscais.

Novamente, a função de administrador judicial deixa evidente que não pode prescindir do assessoramento técnico-contábil, que se preleciona aqui, por se tratarem justamente tais questões, de conceito contábil especifico, conhecimento este especializado de contadores.

Todo documento de natureza comercial ou fiscal que transita na contabilidade, se refere a um ato de gestão, sendo por essa razão um documento contábil, cuja análise passa, necessariamente, pelos critérios adotados pela ciência contábil, a ciência gerencial do patrimônio.

No presente caso, documentos comerciais são efetivamente todos os que se relacionam a determinada operação por empresários ou empresas devedoras (recuperandos) com seus credores (fornecedores em geral).

Os documentos contábeis-fiscais do devedor também estão relacionados a determinada operação comercial, fechando-se o ciclo da operação, sendo por estas razões, que não esgotam a discussão desse assunto em relação à Contabilidade, como ciência gerencial do patrimônio, que deverá servir de importante instrumento técnico de suporte às articulações jurídicas no que refere aos favores da lei de falência e recuperação judicial do empresário ou empresas.

10. Situação Patrimonial do Devedor

O legislador ao dispor em lei sobre o pedido e processamento da recuperação judicial, estabeleceu:

> *LEI Nº 11.101, DE 9 DE FEVEREIRO DE 2005*
>
> *Art. 51. A petição inicial de recuperação judicial será instruída com:*
>
> *I – a exposição das causas concretas da situação patrimonial do devedor e das razões da crise econômico-financeira;*

Portanto, a situação patrimonial será medida pela equação do patrimônio:

ATIVO – PASSIVO = PATRIMÔNIO LIQUIDO

Tal equação, aparentemente simples, é profundamente reveladora, sob o aspecto contábil (direito), de sua situação estática em determinado momento, tudo baseado nas próprias contidas no mesmo artigo:

> *LEI Nº 11.101, DE 9 DE FEVEREIRO DE 2005*
>
> *Art. 51. A petição inicial de recuperação judicial será instruída com:*
>
> *II – as demonstrações contábeis relativas aos 3 (três) últimos exercícios sociais e as levantadas especialmente para instruir o pedido, confeccionadas com estrita observância da legislação societária aplicável e compostas obrigatoriamente de:*
>
> *a) balanço patrimonial;*
>
> *b) demonstração de resultados acumulados;*
>
> *c) demonstração do resultado desde o último exercício social;*

d) relatório gerencial de fluxo de caixa e de sua projeção;

e) descrição das sociedades de grupo societário, de fato ou de direito; (Incluído pela Lei nº 14.112, de 2020)

Destaca-se, aqui, um novo dispositivo introduzido na alínea "e", entre outros tantos ao longo da lei de recuperação, permeando conceitos contábeis, que se constata por nova redação dada a LFRE.

Sob o estrito senso, a equação acima, constituída de várias demonstrações contábeis, tem o balanço patrimonial formado por Ativo, que é o grupo patrimonial formado pelos subgrupos Circulante e Não Circulante.

Ativo Circulante contem contas que representem disponibilidades, direitos realizáveis no curso do exercício social subseqüente e as aplicações de recursos em despesas do exercício seguinte.

Ativo não Circulante formado pelos sub grupos ativo realizável a longo prazo (direitos realizáveis após o término do exercício seguinte, investimentos (participações permanentes em outras sociedades e os direitos de qualquer natureza, não classificáveis no ativo circulante), imobilizado (direitos que tenham por objeto bens corpóreos destinados à manutenção das atividades da companhia ou da empresa ou exercidos com essa finalidade) e intangível (direitos que tenham por objeto bens incorpóreos destinados à manutenção da companhia ou exercidos com essa finalidade, inclusive o fundo de comércio adquirido).

O grupo do Passivo é formado pelos subgrupos Circulante (que se vencerem no exercício seguinte) e Não Circulante (tiverem vencimento em prazo maior).

O Patrimônio Líquido, que não integra o Passivo, mas, decorre da diferença, positiva ou negativa entre os grupos Ativo e Passivo, é formado pelos subgrupos Capital Social, Reservas de Capital, Ajustes de Avaliação Patrimonial, Reservas de Lucros, Ações em Tesouraria e Prejuízos Acumulados.

Essa seria a simplicidade da equação contábil, cujo arcabouço jurídico (direito), impõe cumprimento de normas complexas sob os dois aspectos.

Como se pode constatar, o processo de recuperação judicial de empresas e de falência, impõe a nomeação de profissionais bem preparados para o exercício de relevante função judicial.

A atuação de profissionais com conhecimento de contábil, jurídico, econômico e de administração, independente até de bons fundamentos e experiencia de gestão de empresas que venham a ter, sem dúvidas, constitui importante e relevante fator para o êxito da própria recuperação judicial.

Uma recuperação judicial bem manejada, ou seja, articulada de forma multidisciplinar, proporcionará condições para retomada do equilíbrio econômico-financeiro das empresas em crise, que buscam, amparadas na lei, essa solução.

Essa avaliação das condições para retomada do equilíbrio econômico-financeiro, por meio da recuperação judicial, será possível, sob os aspectos econômicos, tais como, taxa de retorno de capital, taxa de endividamento, taxas de liquidez, ou, sociais em relação à empregabilidade, manutenção ou geração de postos de trabalho, pagamento de taxas, tributos e contribuições sociais, através das informações contábeis, como preleciona Zanna *in* Contabilidade Instrumental para Peritos, 2016, fls.29:

> "Afigura-se óbvio que, em se tratando de conhecer o valor contábil de uma empresa, o único caminho com o qual é possível alcançar este conhecimento e a contabilidade.

Para o caso de o administrador judicial não ter do mínimo conhecimento de conceito contábil (direito) inseridos na lei de recuperação de empresas, convém observar o magistério de Araújo *in* Comentários a Lei de Falências e Recuperação de Empresas, 2009, ao argumentar:

> No caso de o administrador judicial não ser versado em contabilidade, economia, permite o artigo que ele possa contratar profissionais por empresas especializadas para o exame dos documentos. Tais profissionais devem ser de preferência contadores, com o curso superior, pois a eles cabe análise E perícias contábeis, diferentemente do técnico de contabilidade, que só está autorizado, legalmente, a fazer lançamentos contábeis de débito e crédito e levantar balancetes e balanços. Além do contador, pessoa física, existem empresas especializadas no exame dessas matérias abrangidas pelo art. sétimo. A única diferença entre um profissional empresa, salvo melhor juízo, está no preço dos honorários de cada um.

Capítulo 3

A ESCOLHA DO ADMINISTRADOR JUDICIAL COMO AUXILIAR DO JUÍZO

11. Contador, Administrador Judicial, Auxiliar da Justiça

A função de administrador está prevista no Código de Processo Civil, a saber:

> LEI Nº 13.105, DE 16 DE MARÇO DE 2015.
> Art. 149. São auxiliares da Justiça, além de outros cujas atribuições sejam determinadas pelas normas de organização judiciária, o escrivão, o chefe de secretaria, o oficial de justiça, o perito, o depositário, o administrador, o intérprete, o tradutor, o mediador, o conciliador judicial, o partidor, o distribuidor, o contabilista e o regulador de avarias.

A escolha do administrador judicial tem previsão legal na lei aqui comentada, no seu art. 21, dentre profissionais preferencialmente advogado, economista, administrador de empresas ou contador, todos idôneos.

> *LEI Nº 11.101, DE 9 DE FEVEREIRO DE 2005*
>
> *Art. 51. A petição inicial de recuperação judicial será instruída com:*
>
> *Art. 21. O administrador judicial será profissional idôneo, preferencialmente advogado, economista, administrador de empresas ou contador, ou pessoa jurídica especializada.*
>
> *Parágrafo único. Se o administrador judicial nomeado for pessoa jurídica, declarar-se-á, no termo de que trata o art. 33 desta Lei, o nome de profissional responsável pela condução do processo de falência ou de recuperação judicial, que não poderá ser substituído sem autorização do juiz.*
>
> *b) demonstração de resultados acumulados;*
>
> *c) demonstração do resultado desde o último exercício social;*
>
> *d) relatório gerencial de fluxo de caixa e de sua projeção;*
>
> *e) descrição das sociedades de grupo societário, de fato ou de direito; (Incluído pela Lei nº 14.112, de 2020)*

Reforça-se a importância do AJ conforme inseridos na lei em comento, nas decisões que balizam o afastamento desse auxiliar da Justiça, quando não atenda aos requisitos mínimos do encargo que lhe é conferido por lei, a teor da doutrina de Trajano de Miranda Valverde, em Comentários à Lei de Falências, p. 446, na lei anterior, porém, consentâneo às pretensões deste estudo, ao referir-se ao administrador, antigo síndico, como sendo *"órgão criado pela lei para auxiliar a justiça na realização de seu objetivo"*.

O legislador ao dispor em lei sobre o pedido e processamento da recuperação judicial, ordenou que a escolha do administrador judicial recaísse sobre profissional idôneo, bem como trouxe lista exaustiva desses profissionais, configurada no advogado, economista, administrador de empresas ou contador.

Destacamos Milani, *in* Direito de Recuperação de Empresas, 2005, p.135, que ensina:

> 144. Quem poderá ser administrador judicial?
>
> Preferencialmente, advogado, economista, administrador de empresa, contador ou pessoa jurídica especializada.

Coelho, *in* Comentários à Lei de Falências e de Recuperação de Empresas, 2010, p. 58, leciona:

> 5. Fabio Coelho Coelho aduz: note-se que o advogado não é necessariamente o profissional mais indicado para função, visto que muitas das atribuições do administrador judicial depende, para ser um bom desempenho, mas de conhecimentos de administração de empresas que jurídicos.

O mesmo autor, contrapõem a esse entendimento, ao citar Roque:

> 6. Sebastião José Roque, em sentido contrário opinião de Fabio Coelho Coelho, assevera: "de nossa parte, temos dúvidas quanto à atuação do administrador judicial não advogado, não só ele fiscalizar e controlar o comportamento da empresa mas aciona o processo. É imperioso conhecimento de normas processuais das práticas judiciárias, que sua trai advogados. Além do mais sou advogado tem capacidade postula tório; quem não tiver terá de contratar advogado para tanto"

Entendemos, que tal orientação seja melhor encaixada conforme o Código de Processo Civil-CPC, para a previsão legal do concurso do administrador judicial para o caso de falências, a saber:

> Código de Processo Civil
> Art. 75. Serão representados em juízo, ativa e passivamente:
> V - a massa falida, pelo administrador judicial;

Nesta, como noutras disposições legais, sem dúvida, o administrador fica claramente vinculado, por sua função judicial, a conhecimentos jurídicos mais específicos, portanto, responsabilizado diretamente pelo patrimônio empresarial, cujos contorno contábeis ficam claramente expressos.

A expressão massa falida, aqui, é exatamente a representação de todo o patrimônio, já encerrada a atividade econômica empresarial.

12. Responsabilidades do Administrador Judicial

Conforme asseveramos anteriormente, o legislador considera, para fins de representação judicial de determinada massa declarada falida, que o administrador judicial seja seu responsável, de forma ampla, impondo-se destacarmos dispositivos desta lei na mesma linha de responsabilização:

LEI Nº 11.101, DE 9 DE FEVEREIRO DE 2005

Art. 21. ...

Parágrafo único. Se o administrador judicial nomeado for pessoa jurídica, declarar-se-á, no termo de que trata o art. 33 desta Lei, o nome de profissional responsável pela condução do processo de falência ou de recuperação judicial, que não poderá ser substituído sem autorização do juiz.

Parágrafo único. Se o administrador judicial nomeado for pessoa jurídica, declarar-se-á, no termo de que trata o art. 33 desta Lei, o nome de profissional responsável pela condução do processo de falência ou de recuperação judicial, que não poderá ser substituído sem autorização do juiz.

b) demonstração de resultados acumulados;

c) demonstração do resultado desde o último exercício social;

d) relatório gerencial de fluxo de caixa e de sua projeção;

e) descrição das sociedades de grupo societário, de fato ou de direito; (Incluído pela Lei nº 14.112, de 2020)

Note-se que a lei de recuperação, aqui comentada mais objetivamente quanto às definições conceituais contábeis, atrai para seu núcleo legal, sem dúvidas, os profissionais com uma visão multidisciplinar, mas, com nítida e necessária atenção a critérios legais-científicos da ciência contábil.

Por visão multidisciplinar, para ficar claro que não há o mínimo viés de corporativismo profissional, entenda-se a compreensão fundamentada, inclusive quanto à experiência profissional, quanto aos aspectos jurídicos (advogado), econômicos (economista), administrativos (administrador de empresas) e contábeis (contador), de que reveste o patrimônio empresarial.

A preferência do legislador, sem dúvidas, recairá necessariamente no profissional que melhores subsídios técnicos vierem a oferecer com seu concurso, não significando que esse profissional obrigatoriamente possua todas as formações acadêmicas antes elencadas, até porque não será este o fato que levará o juiz a admitir esse ou aquele profissional como seu auxiliar.

Particularmente, temos lecionado que há um critério por excelência que define uma nomeação judicial, a confiança.

Independente desse critério, altamente subjetivo, outro critério exsurge do texto legal, a idoneidade.

Confiança, pautada na idoneidade, com elevada qualificação técnica, constituem a base de segurança jurídica mínima ao magistrado para escolher seu auxiliar.

Em nossa legislação profissional contábil, a disposição legal contida no art. 21, da LRF, ao determinar que o administrador judicial será profissional idôneo, coaduna-se com o que estabelece o Código de Ética Profissional do Contador – CEPC (RESOLUÇÃO CFC Nº 803/96) no seu art. 2º:

Art. 2º São deveres do Profissional da Contabilidade:
(Redação alterada pela Resolução CFC nº 1.307/10, de 09/12/2010)

I – exercer a profissão com zelo, diligência, honestidade e capacidade técnica, observada toda a legislação vigente, em especial aos Princípios de Contabilidade e as Normas Brasileiras de Contabilidade, e resguardados os interesses de seus clientes e/ou empregadores, sem prejuízo da dignidade e independência profissionais;

(Redação alterada pela Resolução CFC nº 1.307/10, de 09/12/2010)
III – zelar pela sua competência exclusiva na orientação técnica dos serviços a seu cargo;

Ao critério de idoneidade, pode-se perfeitamente relacionar os deveres como *zelo, diligência, honestidade e capacidade técnica, dignidade, independência, sigilo.*

É pertinente destacar quanto à capacidade técnica, que o contador ao ser designado pelo juiz seu auxiliar na função de administrador judicial, responderá aos rigores da lei, se dela não se desincumbir satisfatoriamente.

Sobre dignidade, registramos a compreensão quanto à não submissão injustificada ou ilegal a quem quer que seja.

Nesse sentido, destacamos que o fato de o administrador ser um profissional remunerado pelo autor do pedido de recuperação judicial, não autoriza nem garante àquee, o pagador, qualquer pretensão de ditar regras que interfiram no mister daquela nomeação.

A independência, sob o ponto de vista profissional, é irmã gêmea da dignidade profissional.

O legislador contábil introduz esse conceito na norma ético-profissional, desde há muito, não somente para a compreensão juntos aos principais destinatários diretos da mesma (RESOLUÇÃO CFC Nº 803/96), os contadores, no sentido de garantir que seu exercício profissional seja pleno e pautado em absoluta legalidade, no mais amplo sentido, como garantir à sociedade e todos os tomadores de serviços de natureza contábil, essa condição.

O sigilo como critério de idoneidade é basilar, sendo que a sua falta implicará em avaliação negativa do perfil do profissional que se candidata ao concurso recuperacional.

Portanto, se a escolha do administrador judicial, como auxiliar do juízo, recair sobre um profissional que não cumpra escrupulosamente seus deveres perante à lei, poderá vir a ser afastado ou destituído, ao contrário disso, nada havendo que lhe confronte com as disposições legais, a teor de inúmeras decisões judiciais, à linha da seguinte que destacamos, não há que se falar de sua destituição:

Agravo de Instrumento nº 2259312-25.2019.8.26.0000
Classe/Assunto: Agravo de Instrumento / Recuperação judicial e Falência

Órgão julgador: 1ª Câmara Reservada de Direito Empresarial
Data de publicação: 20/03/2020
Ementa: Falência. Incidente de destituição de administrador judicial suscitado por sócios de falida. Decisão de improcedência. Agravo de instrumento. A destituição do administrador judicial somente poderá ocorrer se houver nítida quebra de confiança ou demonstração inequívoca de que tenha agido com desídia no exercício de suas funções, nos termos do art. 31 da Lei 11.101/05. Não obstante a ocorrência de situação completamente inusitada, de retirada de fios e cabos do prédio onde funcionava a empresa falida, não há comprovação de que o administrador judicial tenha contribuído para isso. Decisão mantida. Agravo de instrumento desprovido. (33)

Ampliando-se essa linha mestra de conduta, impõe-se a todos os profissionais, no exercício da função de administrador judicial, atentarem quanto à suspeição e impedimento, a saber:

LEI Nº 13.105, DE 16 DE MARÇO DE 2015.
Art. 148. Aplicam-se os motivos de impedimento e de suspeição:
II - aos auxiliares da justiça;

A lei processual civil estabelece o impedimento, nas seguintes condições:

Art. 144. Há impedimento do juiz, sendo-lhe vedado exercer suas funções no processo:
I - em que interveio como mandatário da parte, oficiou como perito, funcionou como membro do Ministério Público ou prestou depoimento como testemunha;
II - de que conheceu em outro grau de jurisdição, tendo proferido decisão;
III - quando nele estiver postulando, como defensor público, advogado ou membro do Ministério Público, seu cônjuge ou companheiro, ou qualquer parente, consanguíneo ou afim, em linha reta ou colateral, até o terceiro grau, inclusive;
IV - quando for parte no processo ele próprio, seu cônjuge ou companheiro, ou parente, consanguíneo ou afim, em linha reta ou colateral, até o terceiro grau, inclusive;
V - quando for sócio ou membro de direção ou de administração de pessoa jurídica parte no processo;
VI - quando for herdeiro presuntivo, donatário ou empregador de qualquer das partes;
VII - em que figure como parte instituição de ensino com a qual tenha relação de emprego ou decorrente de contrato de prestação de serviços;
VIII - em que figure como parte cliente do escritório de advocacia de seu cônjuge, companheiro ou parente, consanguíneo ou afim, em linha reta ou colateral, até o terceiro grau, inclusive, mesmo que patrocinado por advogado de outro escritório;
IX - quando promover ação contra a parte ou seu advogado.

Há que se observar, objetivamente, que nem todos os critérios de impedimento são aplicáveis à pessoa do administrador judicial.

Ao contador, reforça-se a possibilidade de autodeclarar-se impedido conforme norma ética, a seguir destacada:

> RESOLUÇÃO CFC Nº 803/96
>
> VIII – manifestar, a qualquer tempo, a existência de impedimento para o exercício da profissão;

Quanto aos critérios de suspeição elencados no CPC, encontram-se os mesmos atribuídos na lei processual:

> Art. 145. Há suspeição do juiz:
> I - amigo íntimo ou inimigo de qualquer das partes ou de seus advogados;
> II - que receber presentes de pessoas que tiverem interesse na causa antes ou depois de iniciado o processo, que aconselhar alguma das partes acerca do objeto da causa ou que subministrar meios para atender às despesas do litígio;
> III - quando qualquer das partes for sua credora ou devedora, de seu cônjuge ou companheiro ou de parentes destes, em linha reta até o terceiro grau, inclusive;
> IV - interessado no julgamento do processo em favor de qualquer das partes.

13. Critérios objetivos na escolha do Administrador Judicial

À competência aqui, é a que trata a lei, porém, destacando-se de forma qualitativa a dois aspectos principais.

O primeiro, quanto à qualificação técnica, muito bem definida na lei, ou seja, a escolha do administrador judicial recairá preferencialmente sobre os seguintes profissionais, não necessariamente pela ordem listada na lei (art. 21), ao relacionar advogado, economista, administrador de empresas ou contador ou, alternativamente, pessoa jurídica especializada.

> *LEI Nº 11.101, DE 9 DE FEVEREIRO DE 2005*
> *Art. 21. O administrador judicial será profissional idôneo, preferencialmente advogado, economista, administrador de empresas ou contador, ou pessoa jurídica especializada.*

É induvidoso que pessoa jurídica especializada, implica em a mesma ter em seu quadro societário, pelo menos, um dos profissionais qualificados nas áreas a que se refere o *caput* do art. 21.

Quando a escolha recair sobre pessoa jurídica especializada, observamos que deva a mesma vir a ser enquadrada na atividade econômica e nos critérios utilizados pelos diversos órgãos da Administração Tributária do país, no caso, terá seu objetivo econômico o código CNAE número 6911-7/02, correspondente ao exercício das atividades auxiliares da justiça.

Ainda sobre a qualificação da competência, referindo-se à idoneidade, o vocábulo idôneo, do latim *idoneus* significa algo ou alguém que é apto ou capaz, portanto, quem tem condições para desempenhar certos cargos, certas funções; apto, capaz, competente, no dizer dos estudiosos da língua nacional.

Corroborando nosso entendimento, Siqueira, no mesmo sentido, *in* Recuperação judicial de empresas médias e pequenas - GUIA PRÁTICO PARA O CREDOR E O DEVEDOR, 2016, às fls. 73, leciona:

> "Na verdade, o administrador desempenha papel central no processo de recuperação judicial e falência. É a sua função contribuir para o bom andamento dos processos. Com isso, o trabalho dos administradores judiciais se tornou fundamental nos processos." Folhas 73

Capítulo 4

A COMPETÊNCIA DO ADMINISTRADOR JUDICIAL EM FACE AOS CONCEITOS CONTÁBEIS

14. Administrador Judicial, na Recuperação Judicial e na Falência

Seguindo-se as disposições da lei de recuperação e falências, na forma do art. 22, outras competências funcionais vinculadas ao administrador judicial, além daquelas qualificadoras já vistas, são deveres que essa mesma lei lhe impõe:

> *LEI Nº 11.101, DE 9 DE FEVEREIRO DE 2005*
> *Art. 22. Ao administrador judicial compete, sob a fiscalização do juiz e do Comitê, além de outros deveres que esta Lei lhe impõe:*
> *I – na recuperação judicial e na falência:*
> *a) enviar correspondência aos credores constantes na relação de que trata o inciso III do caput do art. 51, o inciso III do caput do art. 99 ou o inciso II do caput do art. 105 desta Lei, comunicando a data do pedido de recuperação judicial ou da decretação da falência, a natureza, o valor e a classificação dada ao crédito;*

Trata-se de comando direto, contudo, ao mencionar que o administrador judicial comunicará aos credores a natureza, o valor e a classificação dada ao crédito, tal fato remete inequivocamente ao conhecimento multidisciplinar de natureza contábil e jurídica.

De natureza jurídica, quando submete ao ordenamento ou classificação que a lei dispõe, não podendo o administrador classificar de forma diferente daquele que prescreve a lei.

Por natureza contábil, o crédito deve guardar perfeita sintonia com os registros contábeis assentados na escrituração do devedor, obrigatoriamente transcritos nos livros diário e razão, classificação que deve respeitar a disposição da Lei 6404/76, conforme dispõe o parágrafo único do art. 179 e o próprio art. 180.

> *LEI Nº 11.101, DE 9 DE FEVEREIRO DE 2005*
> *Art. 22. Ao administrador judicial compete, sob a fiscalização do juiz e do Comitê, além de outros deveres que esta Lei lhe impõe:*
> *I –*
> *b) fornecer, com presteza, todas as informações pedidas pelos credores interessados;*

Existem informações destinadas aos credores interessados, meramente protocolares, sem maior repercussão ou fundamento técnico.

Existem, no entanto, informações cujo conhecimento contábil específico está vinculado, impondo-se, por esta razão, no mínimo o assessoramento profissional competente, quando o administrador judicial não possuir formação contábil.

O conhecimento contábil especifico, atrelado à informação a ser prestada, deriva por exemplo, da forma de classificação dos créditos relacionados em lista ou editais, no que se refere aos valores contabilizados e em base do que ou quais documentos foram registrados.

Existe, ainda, a possibilidade de algum credor querer conhecer os indicadores financeiros relativos às demonstrações contábeis de empresas em recuperação, que muito embora não sejam informações decorrentes da relação comercial especifica entre devedor e credor, porém podem apontar caminhos à diversas análises dentro do processo de recuperação.

O fornecimento de informações, na forma da lei, com presteza, não obriga ao administrador judicial atender a todas as solicitações feitas pelos credores.

Exemplo, o fornecimento físico de cópias peças contábeis, ou partes dos autos, ou outros quaisquer documentos sejam ou não do devedor, não está entre os deveres que a lei lhe impõe (ao administrador judicial), entre aqueles que se destacam no art. 22, incisos I e II:

- ✓ enviar correspondência...
- ✓ dar extratos...
- ✓ elaborar a relação...
- ✓ consolidar o quadro-geral...
- ✓ apresentar relatório mensal das atividades do devedor...
- ✓ apresentar o relatório sobre a execução do plano...

Toledo e Abrão *in* Comentários à Lei de Falências e de Recuperação de Empresas, 4ª ed., fls. 107, lecionam, esclarecendo tal alínea:

> "O administrador judicial, por força de suas funções, deve ter sempre informações atualizadas sobre questões de interesse da massa ou da recuperação judicial...".

Manter-se atualizado, inclusive, sendo possível, com cópias digitalizadas dos autos, muito facilita o trabalho do AJ, o que não se deva confundir tal faculdade – de ter *up to date* as informações – com obrigação de atender aos credores, por diligências que seriam facilmente supridas pelos advogados ao acessarem os autos.

Há uma certa confusão, muito comum entre credores, que insistem em obter, das mãos do administrador judicial, por exemplo, cópias de demonstrações contábeis, quando a empresa em caso de recuperação judicial, não deixou de ter vida própria, nem de praticar seus atos de gestão mais corriqueiros, decorrentes das suas relações comerciais.

LEI Nº 11.101, DE 9 DE FEVEREIRO DE 2005
Art. 22. Ao administrador judicial compete, sob a fiscalização do juiz e do Comitê, além de outros deveres que esta Lei lhe impõe:
I –
c) dar extratos dos livros do devedor, que merecerão fé de ofício, a fim de servirem de fundamento nas habilitações e impugnações de créditos;

Os livros aqui mencionados são livro diário e razão, estes de natureza contábil, sobre os quais, determina a lei o administrador judicial dará extratos àqueles que lhe solicitarem.

Dar extrato, significa que o administrador judicial deve resumir as principais informações relacionadas a determinado credor, ao seu crédito, para dirimir suas dúvidas, e, além disso, nessas mesmas informações resumidas (extrato), conterão dados de abertura e encerramento dos livros referenciais, data de registros, números de autenticação, em caso de escritas mecanizadas.

Na hipótese de a escrita ser por qualquer meio informatizado ou eletrônico, todas estas informações estarão igualmente, disponíveis e comprováveis, em meio virtual, desde que não sujeito à criptografia.

LEI Nº 11.101, DE 9 DE FEVEREIRO DE 2005
Art. 22. Ao administrador judicial compete, sob a fiscalização do juiz e do Comitê, além de outros deveres que esta Lei lhe impõe:
I –
d) exigir dos credores, do devedor ou seus administradores quaisquer informações;

Existem informações a serem cobradas pelo administrador judicial, junto a credores, ao próprio devedor e aos seus administradores.

Muitas, de menor técnica, outras há que podem ensejar fundamento técnico-contábil, por exemplo, se o credor traz a comprovação do seu crédito através de registros contábeis, que possam comprovar eventual falta de documento que tivesse gerado a referida operação comercial.

Esta hipótese é interessante, uma vez que a escrita contábil tem fé pública, presume-se que eventual falta de documento seja suprida por essa condição que se atribui à função escritural, a teor da disposição a seguir:

> CPC
> Art. 405. O documento público faz prova não só da sua formação, mas também dos fatos que o escrivão, o chefe de secretaria, o tabelião ou o servidor declarar que ocorreram em sua presença.

Não há dúvidas que documento público aqui constitui todo documento expedido por órgãos públicos, ou, pelos quais seja validado coma fé pública, o que se lhe permite faça prova não apenas da sua formação, cumpridas as formalidades exigidas por que o confere, passa a ser utilizada como prova.

Independente dessa possibilidade, Siqueira, *in* Recuperação judicial de empresas médias e pequenas - GUIA PRÁTICO PARA O CREDOR E O DEVEDOR, 2016, às fls. 63, assim se manifesta, quanto ao assunto:

> "Ao analisar o parecer do perito contador, o credor é capaz de entender os motivos pelos quais o pleito de sua divergência foi improcedente ou parcialmente aceito. Elaborado um laudo para cada divergência e caso não seja suficiente, o credor pode dirigir diretamente ao administrador judicial no local indicado no mesmo edital para ter acesso aos documentos e entender o indeferimento do pleito."

O cartório judicial dará informações diretas aos interessados, além de poder fazê-lo o próprio AJ.

Se observa, ainda, em consequência dessas obrigações até aqui listadas e comentadas, que a competência do administrador judicial, em face aos conceitos contábeis e de outras naturezas, trazidos na lei, não se limita à mera verificação para instruir documentalmente, ou não, determinada tarefa pontual, indo além, à medida em que é questionado para justificar suas posições.

Até estas obrigações, tratou-se de práticas meramente administrativas por parte do AJ, sendo, doravante, necessária maior expertise jurídica, inclusive.

O Administrador Judicial não representa em juízo, ou ativa ou passivamente, as empresas em Recuperação Judicial, pois, de acordo com a redação do art. 64 da Lei 11.101/05, *"durante o procedimento de recuperação judicial, o devedor ou seus administradores serão mantidos na condução da atividade empresarial, sob fiscalização do Comitê, se houver, e do administrador judicial"*.

> *LEI Nº 11.101, DE 9 DE FEVEREIRO DE 2005*
> *Art. 22. Ao administrador judicial compete, sob a fiscalização do juiz e do Comitê, além de outros deveres que esta Lei lhe impõe:*
> *I –*
> *e) elaborar a relação de credores de que trata o § 2º do art. 7º desta Lei;*

A Lei nº 11.101/2005 dispôs, neste comando direto, que a elaboração da lista pelo AJ, sujeitar-se-á à verificação dos créditos, com base nos livros contábeis e documentos comerciais e fiscais do devedor e nos documentos que lhe forem apresentados pelos credores.

Importa esclarecer que as informações colhidas pelo administrador judicial são de duas fontes, devedor e credor, relacionadas ao mesmo fato, porém, algumas vezes não necessariamente trarão a mesma base dos dados que interessam ao administrador judicial.

Admitamos que o devedor tenha lançado a dívida, pelo valor escritural, e o credor tenha registrado seu crédito por valor atualizado monetariamente, conforme dito antes, as informações colhidas pelo administrador judicial embora relacionadas ao mesmo fato comercial, porque são de duas fontes com interesses antagônicos ou pelo menos expresso e assim registrado contabilmente de forma diferente, não estarão racionalizados.

Ao administrador judicial compete analisar, cuidadosamente, essa cadeia documental cuja natureza é fundamentalmente contábil, para formar seu juízo de valor e consignar corretamente e de forma exata, o valor devido, o qual sempre estará sujeito a apresentação de divergências por parte dos credores.

Nesse sentido, poderá contar com o auxílio de profissionais ou empresas especializadas, cabendo, ainda, ao administrador judicial, com base nas informações e documentos colhidos tanto do devedor quanto do credor, publicar edital contendo a relação de credores, segundo seu entendimento, no prazo prescrito em lei.

O edital é o ato que dá publicidade e legalidade ao ato praticado pelo administrador judicial, quanto ao que refere a alínea ora comentada.

> *LEI Nº 11.101, DE 9 DE FEVEREIRO DE 2005*
> *Art. 22. Ao administrador judicial compete, sob a fiscalização do juiz e do Comitê, além de outros deveres que esta Lei lhe impõe:*
> *I –*
> *f) consolidar o quadro-geral de credores nos termos do art. 18 desta Lei;*

Novamente, direto este comando e o AJ tendo analisado a documentação comercial e contábil, tanto do devedor quanto do credor, formalizará, após análise das divergências e das impugnações, o quadro geral de credores.

> FAZ SABER a todos quantos virem este edital, para conhecimento de terceiros interessados, nos termos do artigo 18, da Lei 11.101/05, ou dele conhecimento tiverem que, devidamente instruído e depois de preenchidas as formalidades legais, foi, por decisão de fls. 1856, datada de 12 de fevereiro de 2020, determinado publicação do Quadro Geral de Credores, apurado pelo Administrador Judicial e homologado pelo Juízo... (35)

É importante registrar todo o trabalho preparatório pelo AJ e seus auxiliares, em planilhas analíticas, relatórios, notas, cópias, etc., tudo o mais relativo a dados relevantes que ensejaram a determinação de valores consignados à cada credor, pelo auxiliar do juízo, para eventual apoio à opinião firmada pelo administrador judicial.

> *LEI Nº 11.101, DE 9 DE FEVEREIRO DE 2005*
> *Art. 22. Ao administrador judicial compete, sob a fiscalização do juiz e do Comitê, além de outros deveres que esta Lei lhe impõe:*
> *I –*
> *g) requerer ao juiz convocação da assembleia-geral de credores nos casos previstos nesta Lei ou quando entender necessária sua ouvida para a tomada de decisões;*

Aqui, o administrador judicial sem formação jurídica, deve se acautelar quanto à convocação das assembleias gerais.

Para os casos previstos na alínea "g" desta Lei, aplica-se a regra do Art. 35, que confere à assembleia-geral de credores, em sede recuperação judicial, atribuições para deliberar sobre:

> *LEI Nº 11.101, DE 9 DE FEVEREIRO DE 2005*
> *Art. 35. A assembleia-geral de credores terá por atribuições deliberar sobre:*
> *I – na recuperação judicial:*
> *a) aprovação, rejeição ou modificação do plano de recuperação judicial apresentado pelo devedor;*
> *b) a constituição do Comitê de Credores, a escolha de seus membros e sua substituição;*
> *c) (VETADO)*
> *d) o pedido de desistência do devedor, nos termos do § 4º do art. 52 desta Lei;*
> *e) o nome do gestor judicial, quando do afastamento do devedor;*
> *f) qualquer outra matéria que possa afetar os interesses dos credores;*

Entendemos que essa previsão legal contida na alínea estudada, limita-se, inicialmente, às matérias que possam afetar os interesses dos credores.

Ainda que qualquer uma das demais situações elencadas, chegue ao conhecimento do AJ, antes que ao próprio juízo, outra não será a orientação, senão que o fato ou circunstância seja objeto de petição ao juiz, através do próprio AJ.

Quanto ao que possa entender por *necessária sua ouvida (da assembleia geral) para a tomada de decisões*, é necessário avaliar se um fato ou circunstância não seriam objeto de instância mais prática, no sentido de o acesso se dar mais direto, sem as formalidades de convocação de assembleias, a exemplo, poderá o AJ dirigir-se ao próprio comitê de credores, ou mesmo o devedor, ou, ainda, o juiz, conforme o caso.

Vislumbramos, justamente na hipótese de o administrador judicial, mesmo não sendo contador, mas, vindo a conhecer de informações que possam comprometer as demonstrações contábeis juntadas pelo devedor aos autos, encurtar caminhos.

Em ação judicial tramitando no TJ-SP, observamos o excerto, sobre este comentário:

> "... decisão pela qual o d. Magistrado, nos autos do pedido de recuperação judicial, condicionou o deferimento do processamento à "constatação da real situação do funcionamento da empresa, bem como de perícia prévia sobre a documentação apresentada pela requerente, de modo a se constatar sua correspondência com os seus livros fiscais e comerciais", nomeando, para tanto, perito, a quem estipulou prazo de 5 dias para entrega do laudo."
> (36)

Muito bem se exemplifica aqui, por analogia, a possibilidade de o próprio AJ se deparar com situação que ensejou a decisão colacionada, portanto, *quando entender necessária sua ouvida* (assembleia de credores) *para a tomada de decisões,* deverá buscar medida adequada *às* providências para enfrentamento da situação.

Sendo dentro dos autos, portanto, já em processamento sua recuperação, ser bem mais grave, cabendo ao administrador tomar todas as providências que a incumbência judicial lhe requer, nesse caso, requerendo ao juiz até mesmo *a convocação da assembleia-geral de credores.*

> *LEI Nº 11.101, DE 9 DE FEVEREIRO DE 2005*
> *Art. 22. Ao administrador judicial compete, sob a fiscalização do juiz e do Comitê, além de outros deveres que esta Lei lhe impõe:*
> *I –*
> *h) contratar, mediante autorização judicial, profissionais ou empresas especializadas para, quando necessário, auxiliá-lo no exercício de suas funções;*

A disposição legal acima – *contratar, mediante autorização judicial, profissionais ou empresas especializadas* – pode justificar plenamente a alínea anterior justamente se ocorrer, por exemplo, hipótese de melhor ou nova avaliação das demonstrações contábeis, colocadas sob suspeita.

Imagine-se, na hipótese aventada que o administrador judicial constate ocorrência de fraude na elaboração do balanço patrimonial, por exemplo, quanto à inclusão de credor que não existe, nem corresponde às dividas declaradas na recuperação.

Lopes de Sá, em Fraude Contábeis, 1982, fls. 16, leciona que *"Haverá sempre fraude quando se cometer um erro premeditado contra terceiros".*

Para a detecção de fraude, será imperioso contratar profissionais qualificados em matéria contábil, que nem sempre condiz com a formação de administrador judicial sem formação contábil.

Nessa linha de atenção, se o administrador judicial constatar, ainda, qualquer ocorrência indicadora de descompasso entre a base documental contábil e o que refletem suas demonstrações.

Alertamos, que mesmo tendo o administrador judicial uma formação contábil, não lhe permite a lei atuar como profissional especializado, apenas lhe facilita, pois terá uma expertise qualificadora nessas ocasiões, podendo direcionar os seus trabalhos, mediante sua opinião fundamentada, quanto à atuação dos profissionais eventualmente contratados para esse fim especifico, contudo, aos contadores, ao mesmo tempo se observa a seguinte disposição ético-profissional:

> NORMA BRASILEIRA DE CONTABILIDADE, NBC PG 01, DE 7 DE FEVEREIRO DE 2019
> Aprova a NBC PG 01 - Código de Ética Profissional do Contador.
> 4º. São deveres do contador:

> (d)informar a quem de direito, obrigatoriamente, fatos que conheça e que considere em condições de exercer efeito sobre o objeto do trabalho, respeitado o disposto na alínea (c) deste item;

Tanto a lei de recuperação quanto a norma profissional ensejam procedimento de cautela por parte do AJ, seja ele contador, ou não.

Seguem-se as disposições da lei, e, no art. 22, determina-se ao administrador judicial, sob a fiscalização do juiz e do Comitê, além dos deveres até aqui já estudados, esta Lei lhe impõe, ainda, por competência:

> *LEI Nº 11.101, DE 9 DE FEVEREIRO DE 2005*
> *Art. 22. Ao administrador judicial compete, sob a fiscalização do juiz e do Comitê, além de outros deveres que esta Lei lhe impõe:*
> *I –*
> *i) manifestar-se nos casos previstos nesta Lei;*

Como vínhamos tecendo comentário anterior, corrobora-se com ensinamento de Ulhôa, *in* Comentários à Lei de Falências e de recuperação de empresas, fls. 69, brevíssima posição a essa atribuição funcional, a saber:

> "Como auxiliar do juiz, ele deve-se manifestar nos autos sempre que determinado, bem como tomar a iniciativa de propor medidas úteis ao bom andamento do processo falimentar". Fls. 69

Tal manifestação por parte do AJ, revela-se, ainda, no entendimento de Toledo e Abrão *in* Comentários à Lei de Falências e de Recuperação de Empresas, fls. 109, obra de título assemelhado á anterior citada:

> "Além, naturalmente, das hipóteses em que o próprio administrador desenvolvimento de sua atuação no processo levá-lo a tomar iniciativas e a peticionar, poderá o administrador judicial, ainda, ser chamado a intervir sempre que sua manifestação puder ser útil para a decisão de questões processuais 206. A LR e prever umas tantas situações que isso ocorre, sem, evidentemente, esgotar todas as possibilidades em que, nos casos concretos, justifique ser essa intervenção.".

Independente das hipóteses de lei, imagine-se, em situação não muito incomum, que o AJ, com formação contábil, se depara com irregularidade nas demonstrações contábeis que são submetidas ao juízo, e, sabedor de tal fato, não poder, como auxiliar do juiz, se manifestar nos autos, fazendo-o apenas quando lhe for determinado.

Em processo de recuperação judicial, na condição de perito contábil, auxiliando o juiz na análise prévia de demonstrações contábeis submetidas para fins de obtenção dos benefícios da lei, demonstrou-se, exatamente por nosso laudo pericial, grosseira fraude na elaboração das demonstrações contábeis que fundamentavam tal pedido.

Corrobora esse entendimento a lição de Lopes de Sá, em Fraude Contábeis, 1982, fls. 16, ao destacar que *"A Contabilidade pode ser usada indevidamente para cometer fraude"*.

As demonstrações contábeis eram absolutamente incompatíveis com os assentamentos existentes nos livros contábeis, ou de outra forma, nada que se encontrava registrado nos livros apresentados, convergiam com as demonstrações juntadas ao pedido de recuperação judicial, na petição inicial.

O juiz, por razões do seu *feeling ou faro* em acertada decisão, ao se valer da perícia judicial contábil, para fins de seu juízo de admissibilidade, indeferiu o pedido de recuperação da empresa, que a bem da verdade, já estava falida.

A lei não traz essa previsão em fase de postulação, referindo-se tão somente à figura de "laudo do contador encarregado do exame da escrituração do devedor", quando trata da ação penal pelos crimes previstos na legislação aqui comentada.

O art. 186 dessa lei, determina ao AJ, que apresente ao juiz, no caso de falência de devedor, uma exposição circunstanciada, considerando as causas da falência, o procedimento do devedor, antes e depois da sentença, e outras informações detalhadas a respeito da conduta do devedor e de outros responsáveis, se houver, por atos que possam constituir crime relacionado com a recuperação judicial ou com a falência, ou outro delito conexo a estes.

Convenhamos, não fosse tal situação prévia, provavelmente houvesse sido autorizado o processamento da referida recuperação judicial, mediante ao cumprimento aparente de apresentação daquelas demonstrações.

Nesse sentido, atendendo não somente ao pedido do devedor, mas, simultaneamente a inúmeros interesses que podem ser relegados ante aos benefícios da LFRJ, não pela lei em si, mas pelo seu uso indiscriminado, assim houve sido decidido na egrégia Corte paulista:

> PODER JUDICIÁRIO
> TRIBUNAL DE JUSTIÇA DO ESTADO DE SÃO PAULO EMPRESARIAL
> Voto nº 16599
> RECUPERAÇÃO JUDICIAL. Pedido de processamento. Determinação de realização de perícia prévia, para auxiliar o juízo na apreciação da documentação contábil (art. 51 II LRF) e constatar a real situação de funcionamento da empresa. Possibilidade. Decisão mantida. Assistência técnica de perito permitida pela lei. Juiz que não dispõe de conhecimentos técnicos suficientes para apreciar a regularidade da documentação contábil apresentada. Art. 189 LRF c/c art. 145 CPC. Com relação à constatação da real situação de funcionamento da empresa, não pode o julgador mostrar-se indiferente diante de um caso concreto, em que haja elementos robustos a apontar a inviabilidade da recuperação ou mesmo a utilização indevida e abusiva da benesse legal. O princípio da preservação da empresa não deve ser tratado como valor absoluto, mas sim aplicado com bom senso e razoabilidade, modulado conforme a intenção do legislador e espírito da lei. Ativismo. Precedentes. Decisão de

deferimento do processamento que irradia importantes efeitos na esfera jurídica de terceiros. Decisão integralmente mantida por seus próprios e jurídicos fundamentos. Recuso desprovido.(36)

Por tais razões deve o AJ manifestar-se não somente nos casos previstos nesta Lei, mas em toda e qualquer circunstâncias que sua formação técnica lhe permitir, observado, por obvio, os limites da mesma lei e princí*pios* que não lhe conflitem.

15. Administrador Judicial, na Recuperação Judicial

O que se pode depreender, dos ensinamentos acima, deve ser combinado com a interpretação de outros comandos:

> *LEI Nº 11.101, DE 9 DE FEVEREIRO DE 2005*
> *Art. 22. Ao administrador judicial compete, sob a fiscalização do juiz e do Comitê, além de outros deveres que esta Lei lhe impõe:*
> *II – na recuperação judicial:*
> *a) fiscalizar as atividades do devedor e o cumprimento do plano de recuperação judicial;*

Comando claro, que impõe ao AJ, atuar em relação aos atos de devedor, após a aprovação do PRJ.

Tal procedimento de fiscalização se refere tão somente à verificação, pelo AJ, sobre ações da recuperanda, quanto ao cumprimento do seu plano proposto e aprovado por credores.

Comentam Toledo, Abrão, fls. 109, nesse ponto, referindo-se ao AJ, na atribuição de fiscalizar:

> A ele cabe, como auxiliar do juízo, atuar junto a empresa em recuperação judicial, sem ingerir em seus negócios, sem substituir-se a seus administradores, mas atento ao que acontece, e pronto a informar o que tiver constatado.

Os sócios da empresa em recuperação mantem-se plenos na gestão do negócio, não sendo o AJ, mais um administrador empresarial, e, sim, na função judicial, detentor de cargo de confiança, deverá atuar como um *longa manus* do juiz.

Estando o AJ atento ao que acontece, estará apto a fiscalizar as atividades do devedor, sem que seja um fiscal com atribuições que não estejam relacionadas ao cumprimento do plano de recuperação judicial.

Mandel, citado por Milani, *in* Lei de Recuperação Judicial, Recuperação Extra Judicial e Falência Comentada, 2011, fls. 137, assim se manifesta:

> "Que fique bem claro que o administrador judicial fiscalizará as atividades do devedor, o que não lhe dá poderes para interferir nos atos administrativos sem o devido processo legal e autorização judicial, nem ao menos ter livre acesso à sede da empresa e reuniões internas ou externas dos administradores com os acionistas, fornecedores, clientes e até credores. (...). A fiscalização,

se não houver disposição em contrário, deve ocorrer pelo acompanhamento de balancetes mensais e ou relatórios confeccionados pelo devedor e juntados aos autos, que demonstre estarem sendo cumpridas as metas do plano aprovado. Constatações, visitas e novos ou outros documentos devem ser solicitados ao devedor ou somente ser efetuados com autorização judicial, que por sua vez também não pode invadir os direitos de propriedade e de sigilo garantidos ao devedor sem o devido processo legal e fundamentação".

Interessante entendimento expõe a limitação legal das atribuições conferidas aos AJ, quanto *à* competência fiscalizadora sobre as atividades de recuperação, o que deve se dar através de balancetes mensais e ou relatórios confeccionados pelo devedor e juntados aos autos.

Tal posicionamento merece, a nosso ver, relativização quanto ao que já foi objeto de comentários *à* alínea "d", I, art. 22, desta lei em comento, o qual confere ao AJ a faculdade de exigir do devedor ou seus administradores quaisquer informações, que julgar e forem, de fato, relacionadas ao processo de recuperação da empresa.

O AJ deve fiscalizar por meio de balancetes, mas, também através de outros documentos que lhe validem ou que sobre os mesmos, apontem, por exemplo, caminhos de inconsistência técnica, sendo por esta razão fundamental requerer novos ou outros documentos diretamente ao devedor.

Araújo, comenta o assunto, *in* Comentários a Lei de Falências e de Recuperação de Empresas, fls. 60, dando ênfase à:

> "Como auxiliar do juiz, deve fiscalizar todas as atividades do devedor, visando ao cumprimento do plano de recuperação judicial."

Entendemos que, havendo negativa pelo devedor em fornecer documentos elucidativos das demonstrações contábeis mensais, se configura a necessidade de ser efetuada tal apresentação, com devida autorização judicial.

Eventual caracterização de fraude que dependa do cruzamento de informações colhidas, deverá ser circularizada junto a órgãos fiscais, fornecedores, etc., com toda cautela para que não invada os direitos de propriedade e de sigilo garantidos ao devedor, por ausência do "devido processo legal e fundamentação", como ensina o tratadista aqui citado.

> *LEI Nº 11.101, DE 9 DE FEVEREIRO DE 2005*
> *Art. 22. Ao administrador judicial compete, sob a fiscalização do juiz e do Comitê, além de outros deveres que esta Lei lhe impõe:*
> *II – na recuperação judicial:*
> *b) requerer a falência no caso de descumprimento de obrigação assumida no plano de recuperação;*

Comando legal bastante complexo (art. 22), impõe absoluta atenção do AJ, sob pena de incorrer em ilegalidades, ou mesmo crime, ao tentar caracterizar descumprimento de obrigação, assumida no plano de recuperação.

Neste sentido, algumas evidências podem indicar o preenchimento de condição de descumprimento do plano aprovado, conforme se depreende a seguir:

> "Em manifestação de credores em fls. 1656/1658 e 1664/1666, esses alegaram que não houve pagamento de valores devidos e definidos no plano de recuperação judicial e a devedora nada comprovou sobre o efetivo pagamento das quantias referidas. Assim sendo, por a Recuperanda ter descumprido obrigação assumida no plano de recuperação judicial, é manifesto que ela não tem como cumprir o principal objetivo da recuperação judicial, qual seja, superar a crise pela qual passa, e não satisfazer os credores implica infringir o artigo 73, IV, da Lei 11.101, colocando-a em situação de convolação. E mais, segundo documento de fl. 1668, o próprio patrono da devedora admite que a Recuperanda se encontra sem movimentações financeiras, oferecendo mais evidências de que não há como dar continuidade ao instituto previamente deferido. Além de não cumprir o plano e confirmar que interrompeu suas atividades, o empresário em recuperação pretende a alienação de seus ativos, sem que houvesse previsão expressa no plano de recuperação, o qual teria sido aprovado no diante ano de 2008. Em suma, a recuperação judicial não tem sido frutífera, a ponto de comprometer os interesses dos credores. É, portanto, caso de convolação em falência. Posto isso, pelo que está nos autos e pareceres do Administrador Judicial e Ministério Público, DECRETO hoje, nos termos do artigo 73 e incisos da LRE, a falência da empresa...". (37)

De maneira didática, destacam-se, entre outras, as hipóteses ensejadoras para se ter requerido a falência, conforme sentenciado acima, as quais revelam, em geral, o descumprimento do plano de recuperação:

- ✓ Não pagar valores devidos e definidos no plano de recuperação judicial;
- ✓ Não comprovação do efetivo pagamento das quantias referidas como pagas;
- ✓ Admitir que se encontra sem movimentações financeiras;
- ✓ Admitir que interrompeu suas atividades;
- ✓ Alienar ativos, sem previsão expressa no plano de recuperação;

Todas estas situações são apenas exemplificativas, não esgotando hipótese variadas de descumprimento do principal objetivo da recuperação judicial, qual seja, superar a crise pela qual passa.

Não satisfazer os credores, implica infringência ao artigo 73, IV, da Lei 11.101, ensejando que o juízo falimentar, na forma do Art. 73, da lei comentada, decrete a falência durante o processo de recuperação judicial.

Ou seja, exarada a decisão do art. 58 desta Lei, o devedor se obriga a cumprir com todas as obrigações assumidas no plano, notadamente, aquelas que se vencerem até 2 (dois) anos depois da concessão da recuperação judicial, termos do art. 61 desta Lei.

LEI Nº 11.101, DE 9 DE FEVEREIRO DE 2005
Art. 22. Ao administrador judicial compete, sob a fiscalização do juiz e do Comitê, além de outros deveres que esta Lei lhe impõe:
II – na recuperação judicial:
c) apresentar ao juiz, para juntada aos autos, relatório mensal das atividades do devedor;

Comando legal preciso e direto, sem maiores fundamentações contábeis, exceto, por zelo, por exemplo, na preparação do relatório mensal, o AJ poderá avançar na análise de indicadores de liquidez.

Os indicadores ou índices de liquidez, obtidos na análise das demonstrações contábeis, demonstram a condição econômico-financeira de a empresa cumprir com as obrigações de curto prazo, por exemplo.

A análise da solvência – capacidade de a empresa cumprir com suas obrigações – permite avaliar, mediante a técnica de análise de balanços, se terá a regular capacidade de pagar dívidas de longo prazo.

Um índice de solvência ruim, pode indicar que a empresa, mesmo em fase de recuperação judicial, não vai bem, consequentemente, não será capaz de cumprir com suas obrigações de longo prazo.

São, sem dúvidas, ainda que não previstos entre os requisitos de requerimento de falência, os indicadores, uma fonte segura para apontar caminhos nesse sentido.

No mais, impõe-se ao AJ, cumprir instrumentalização de acompanhamento da recuperação judicial, por todos os meios que julgar necessários ao bom desempenho de suas atribuições.

Com efeito, sendo esta, uma das obrigações precípuas do AJ na recuperação judicial, entendemos que a mesma – apresentar relatórios – se relaciona diretamente com a atividade de fiscalizar as atividades e o cumprimento do plano de recuperação judicial, pelo devedor.

O AJ poderá fazê-lo, preferencialmente, com apoio nos próprios relatórios que vier a produzir para o juiz, mas não somente, valendo-se, sobretudo, conforme já evidenciamos anteriormente, nas informações contábeis-administrativas, que estejam a seu alcance.

Toledo e Abrão lecionam *in* Comentários a Lei de Recuperação de Empresas e Falências, 2010, esclarecem, a respeito:

> Ainda correlacionado com a fiscalização da atividade do devedor, cabe ao administrador apresentar mensalmente relatório a respeito, o qual deverá ser juntado aos autos. Enfatiza-se neste ponto, mais uma vez, a transparência própria do processo de recuperação judicial.

Nítida importância, atribuem os autores aqui citados, ao ato de fiscalizar, vinculando-o ao relatório de atividades pelo AJ, como mecanismo de transparência e segurança jurídica.

Siqueira, *in* Recuperação judicial de empresas médias e pequenas - GUIA PRÁTICO PARA O CREDOR E O DEVEDOR, 2016, às fls. 73, observa que, de parte de credores, não há tanta repercussão do relatório de atividades do devedor:

> Aparentemente, são poucos os credores que acompanham o relatório de atividades e foca suas expectativas no fluxo de recebimento.

O alerta quanto à pouca utilização dessa valiosa fonte de informação, entendemos, deve ser levado em conta pelos próprios administradores judiciais, pois muito facilitará seus trabalhos.

Siqueira, ainda, *in* Recuperação judicial de empresas médias e pequenas - GUIA PRÁTICO PARA O CREDOR E O DEVEDOR, assevera:

> "Com pouca técnica, é possível estimar se a empresa está criando bases financeiras para cumprir o que foi proposto ao plano de recuperação judicial..."

É, sem dúvida, uma referência ainda que indireta, à possibilidade – que não é pouca – de uso da técnica de análise de balanços.

Esse mesmo autor, ressalta a importância do relatório de atividades do devedor, firmado pelo AJ, relacionando-o a algumas formas do que denomina ser uma "rápida análise sobre a viabilidade econômica apresentada, em comparação ao relatório mensal de Atividade", nos seguintes itens:

- Faturamento dentro do valor previsto;
- Custos dentro do limite aceitável, tanto previsto na viabilidade como na média do mercado;
- Variação das despesas;
- Resultado operacional bruto;
- Empresa com lucro líquido;
- Geração de caixa para suportar os pagamentos previstos

Ressaltamos, quanto ao item acima que trata de *custos*, ao que ensina Fernandes, *in* Custos para Gestão, fls. 12:

> 1.1.8. A contabilidade de custos atual
> As informações geradas pelos sistemas de contabilidade já não atendem às novas necessidades de gestão. A contabilidade concebida com conceitos e procedimentos voltados para finalidades fiscais e societária (custos históricos, voltados a prazo, custeio por absorção, etc.) já há muito tempo tem deixado a desejar no que refere ao atendimento das necessidades informativas da gestão empresarial.

Essa observação do ilustre autor, associada à disposição contida na alínea "c" aqui comentada serve para ampliar de forma fundamentada o conteúdo do *relatório mensal das atividades do devedor, a ser apresentado ao juiz,* para juntada aos autos mensalmente.

> *LEI Nº 11.101, DE 9 DE FEVEREIRO DE 2005*
> *Art. 22. Ao administrador judicial compete, sob a fiscalização do juiz e do Comitê, além de outros deveres que esta Lei lhe impõe:*
> *d) apresentar o relatório sobre a execução do plano de recuperação, de que trata o inciso III do caput do art. 63 desta Lei;*

Para subsidiar o juiz na decretação da sentença que tratará do encerramento da recuperação judicial – em caso de cumprimento das obrigações vencidas no prazo previsto no caput do art. 61 – o AJ apresentará relatório sobre a execução do plano de recuperação, neste caso, cabendo concluir, de forma objetiva, se foram ou não atendidos os requisitos de lei.

16. Administrador Judicial, na Falência

As obrigações do AJ, na falência, trazem contornos bastante interessantes no que se refere aos aspectos contábeis dessa lei.

> *LEI Nº 11.101, DE 9 DE FEVEREIRO DE 2005*
> *Art. 22.*
> *III*
> *a) avisar, pelo órgão oficial, o lugar e hora em que, diariamente, os credores terão à sua disposição os livros e documentos do falido;*

A guarda de livros e documentos do falido tem previsão expressa nessa lei, quanto a quais se deve mantê-los a salvo, a teor do disposto no inciso I, art. Art. 110, § 2º.

> Art. 110, § 2º
> I – os livros obrigatórios e os auxiliares ou facultativos do devedor, designando-se o estado em que se acham, número e denominação de cada um, páginas escrituradas, data do início da escrituração e do último lançamento, e se os livros obrigatórios estão revestidos das formalidades legais.

Oportuno esclarecer que os livros e documentos do falido são os mesmos mencionados no art. 7º, desta lei.

O livro diário conforme mencionado anteriormente, tem previsão legal no art. 1.180, do Código Civil, além de estar relacionado na norma profissional ITG 2000 (R1) – ESCRITURAÇÃO CONTÁBIL, que trata das formalidades da escrituração contábil, juntamente com o Livro Razão, além de legislações societárias, como a própria Lei nº 6.404/76.

LEI Nº 11.101, DE 9 DE FEVEREIRO DE 2005
Art. 22.
III
b) examinar a escrituração do devedor;

Comando legal de inquestionável natureza técnico-contábil, rigorosamente voltado ao saber próprio da Ciência Contábil.

Examinar a escrituração, compreende, na língua pátria, a uma interminável possibilidade de sinônimos, todos aplicáveis ao contexto contábil, tais como, analisar, estudar, observar, pesquisar, verificar, etc.

Segundo o eminente prof. Lopes de Sá e Ana Maria Lopes de Sá, *in* Dicionário de Contabilidade, 2009, exame de escrita, consiste em:

> Verificação de uma escrituração contábil; análise dos registros contábeis. Sondagem para verificar a exatidão de uma escrita. Observação analítica de uma escritura contábil.

Definitivamente, se não quisemos até este momento destacar a importância dos aspectos contábeis na lei, agora, não há como evitar marcar, mais e mais, tal fato e a condição que favorece ao contador manejar a recuperação judicial.

Obviamente, dirão demais profissionais que, do mesmo modo, haverá aspectos da lei que remeterão às suas disciplinas, que também é verdade, contudo, se por um lado não é possível ao leigo alegar desconhecimento de lei para se desonerar da sua incidência, ao não contador, nessa circunstância de estar nomeado nessa função, também não poderá alegar desconhecer matéria contábil, para justificar eventual deslize.

Ulhôa, *in* Comentários à Lei de Falências e de Recuperação de Empresas, 2010, leciona:

> Ao lado das atribuições legais de auxiliar do juiz e representante legal da massa falida, ao administrador judicial cabe especificamente...
>
> ...
>
> b) examinar a escrituração da falida, em busca de indícios de irregularidade

Descortina-se, um universo de possibilidades que podem configurar algum tipo de irregularidade na escrita do falido.

Como examinar a escrita contábil-fiscal, sem apoio da prova pericial?

Nesse particular, a prova a ser produzida, deverá ser induzida pela elaboração de bons quesitos que, ao serem respondidos pelo perito, permitirão ao AJ, qualificar eventuais irregularidades e até mesmo, fundamentar o que determina o inciso III, "e", do art. 22, adiante, comentado.

c) relacionar os processos e assumir a representação judicial da massa falida;

Questão processual que será suprida pelo administrador judicial, através de uma boa assessoria jurídica, quando o mesmo não for um advogado, aspecto devidamente atualizado pela nova redação dada pela Lei nº 14.112, de 2020, a saber:

> c) relacionar os processos e assumir a representação judicial e extrajudicial, incluídos os processos arbitrais, da massa falida;

> *LEI Nº 11.101, DE 9 DE FEVEREIRO DE 2005*
> *Art. 22.*
> *III*
> *d) receber e abrir a correspondência dirigida ao devedor, entregando a ele o que não for assunto de interesse da massa;*

Comando meramente instrumental, que pode ser delegado, com a devida responsabilidade a auxiliares do AJ, sem que isso represente a própria delegação de responsabilidade e com toda cautela possível, a fim de não incorrer o AJ, em crime de violação de correspondências, por si ou preposto.

> *LEI Nº 11.101, DE 9 DE FEVEREIRO DE 2005*
> *Art. 22.*
> *III*
> *apresentar, no prazo de 40 (quarenta) dias, contado da assinatura do termo de compromisso, prorrogável por igual período, relatório sobre as causas e circunstâncias que conduziram à situação de falência, no qual apontará a responsabilidade civil e penal dos envolvidos, observado o disposto no art. 186 desta Lei;*

Tenho visto, na prática, a inviabilidade desse comando, no que se refere ao prazo.

Uma razão precisa ser destacada, que se refere *à* situação do AJ no processo, pois, se o mesmo acompanha toda a tramitação processual, o prazo *é* bom. Se o AJ foi nomeado, por exemplo, em substituição a outro, o prazo de 40 dias, não será tão favorável assim, sendo pouco provável que em quarenta dias o AJ tenha um diagnóstico seguro – que seria ideal fosse baseado em laudo pericial – acerca das condições que levaram *à* empresa *à* quebra.

A duas, confere-se em alguns casos, *à* morosidade do sistema judici*á*rio apreciar pedidos dessa natureza, fato que muitas vezes contribui para levar *à* falência a empresa já abalada, por longos prazos.

Quanto a apontar a responsabilidade civil e penal dos envolvidos, baseado em relatório sobre as causas e circunstâncias que conduziram *à* situação de falência, reiteramos que o AJ não se arvore em resolver as lacunas da lei, muito menos fazer papel que não lhe incumbe, o que pode ser confundido.

O Ministério Público poderá oferecer denúncia por crime falimentar com base no relatório elaborado, ou pode requerer a instauração de inquérito policial para apurar eventuais condutas criminosas.

LEI Nº 11.101, DE 9 DE FEVEREIRO DE 2005
Art. 22.
III
arrecadar os bens e documentos do devedor e elaborar o auto de arrecadação, nos termos dos arts. 108 e 110 desta Lei;

Comando meramente instrumental em relação à matéria contábil, porém, fundamental ao deslinde de toda a realização do ativo da massa falida.

Coelho, *in* Comentários a Lei de Falência e de Recuperação de Empresas, 2010, fls. 69, esclarece:

> "Como representante legal da comunhão dos interesses dos credores, deve administrar os bens da massa visando obter otimização dos recursos disponíveis".

Um bem que seja, um direito mínimo, quando não arrecadado implicará em prejuízo aos credores.

Ainda citando Coelho, fls. 69, o renomado autor revela importância da função:

> "Sua missão consiste em procurar maximizar o resultado da realização do ativo. Quanto mais dinheiro ingressar na conta da massa falida em função da cobrança dos devedores e venda dos bens do falido, maiores serão os recursos disponíveis para o pagamento dos credores".

Daí a razão de o auto de arrecadação ou ato de arrecadar precisar ser diligentemente minucioso, para não deixar nada de fora e bem elaborado, para descrever corretamente os bens arrecadados a fim de não deixar dúvidas quanto aos bens, uma vez que o auto de arrecadação consiste na inventariação, devidamente qualificada e quantificada, indicando-se, ainda, a localização correta dos bens, seus estados e condições, se possível, registrado por fotografias ou outra forma de registro de imagens por qualquer meio, até mesmo filmagens, que possam garantir a existência dos bens, no ato da arrecadação.

Importa esclarecer que, em caso de roubos, extravios, perdas, obsolescências etc. estes registros servirão para confirmar que foram arrecadados e guardados sob responsabilidade do Administrador Judicial ou de quem tenha sido nomeado fiel depositário.

Tivemos experiência de enfrentar situação relacionada ao fato ora comentado, quando nos acautelamos atravessando nos autos a seguinte petição:

> *Conforme ressaltamos em petição anterior os bens relacionados nos itens 01, 02, 03, 04 e 05 são de difícil desmontagem e logística, porquanto, são equipamentos antigos, cuja venda apenas seria recomendada no próprio local, com ônus de desmontagem ao arrematante.*
> *Meritíssimo(a), para nossa surpresa, nessa diligência de ontem, dia, 04/05/2014, em relação à qual, inclusive demos ciência ao advogado **fulano**, da empresa*

*REFRIGERANTES **xarope**, que registramos também na petição anterior, que os citados bens não foram localizados no local.*

*Esclareça-se, por oportuno, que o local é guardado por segurança e guarita 24 horas, pertencentes à REFRIGERANTES **xarope**, sendo que, ontem, ao nos dirigirmos ao referido local, fomos recebidos pelos funcionários da própria empresa, que autorizou nossa entrada.*

*Com efeito, relatamos o sumiço de bens e consequente retirada desses da sede da Massa Falida da empresa **roubada ltda**, situada nos lotes 03 e 07 do setor F, quadra 08, do Distrito Industrial **xyz**, município e Comarca de Belém, Estado do Pará, sem a competente autorização judicial.*

*Diante do exposto, na forma da Lei, vimos dar conhecimento do fato ao MM. Juízo, para as providências que julgar necessárias, independentes de **notitia criminis** feita à autoridade policial competente.*

Sendo o que nos cumpre expor e requerer, firmamo-nos.

Quanto aos documentos a serem arrecadados, notadamente a documentação relativa aos atos de gestão, inclusive, demonstrações contábeis referidas na lei serão objeto das mesmas regras de segurança, aliás, nos deparamos com poucas situações falimentares que atendessem a esse comando, aqui me refiro às falências em que fui nomeado sem ter estado desde sua fase de recuperação judicial ou concordata, quando a lei era essa.

A regra de segurança se deve ao fato de que a não apresentação de documentos citados nesse dispositivo, de forma deliberada ou sem maiores explicações, a meu ver, indica eventual intenção de não revelar causas da falência, por quem tenha dado motivo.

> *LEI Nº 11.101, DE 9 DE FEVEREIRO DE 2005*
> *Art. 22.*
> *III*
> *g) avaliar os bens arrecadados;*

Essa avaliação patrimonial dos bens da massa falida, deve ser baseada em laudo pericial, e não ser feita pelo AJ como se pode interpretar, pelo texto, pois, o verbo foi conjugado no infinitivo, e na leitura direta do *caput* mais inciso, *é* possível caber essa interpretação, conforme reescrevemos de forma direta esses dois comandos:

> "Ao administrador judicial compete, na falência, sob a fiscalização do juiz e do Comitê, além de outros deveres que esta Lei lhe impõe, avaliar os bens arrecadados".

Ou, ainda:

> "Compete ao administrador judicial, na falência, sob a fiscalização do juiz e do Comitê, além de outros deveres que esta Lei lhe impõe, avaliar os bens arrecadados".

Nesse sentido estrito, na hipótese de que fosse uma tarefa *pró*pria do AJ, *é* pouco provável que o mesmo pudesse exercer tecnicamente o papel de avaliador, daí a nossa observação.

Em exercendo a avaliação dos bens, ainda que por zelo ou economia ou qualquer outra razão, entendemos que estará correndo riscos de fazê-lo sem bases técnicas, ou qualificação profissional adequada, por exemplo, na *área* da tecnologia.

Se decidir por uma avaliação, pois que a empresa quebrada, muitas vezes não terá recursos para o AJ contratar profissionais de avaliação patrimonial que executem essas avaliações de bens arrecadados, a bom termo, poderá fazê-lo mediante simples pesquisas comparativas de preços de mercado, valendo-se de informações disponíveis em sites dessas naturezas.

Milani, fls. 140, observa exatamente nesse ponto que destacamos:

> "Deve ser destacado que a contratação de avaliadores deverá ser feita sempre em relação a bens que não tenham preço conhecido no mercado...".

Esperar pela avaliação oficial, através de oficiais de Justiça nem sempre resultará medida prática conforme determinado pelo juízo, pois nem sempre dá certo e permite conjugar-se com a necessidade do processo, haja vista o volume de procedimentos judiciais em curso.

Conhecemos casos, melhor dizendo, atuamos em processos, cujas ordens de avaliação de bens, ficaram paradas indefinidamente, não obstante diligência do magistrado em agilizar tal procedimento.

É comum serem impraticáveis tais avaliações, exatamente por falta de disponibilidade de quem os faça, no *âmbito* dos auxiliares de justi*ça*, como *é* o caso dos oficiais de justiça.

Nesse sentido, tivemos oportunidade de peticionarmos ao Ju*ízo* em 2020, nos seguintes termos e aqui destacamos o lapso de tempo havido de mais de *dois anos*, ante *à* ordem do juiz:

> Sobre a avaliação oficial, também tentamos contato com Oficial de Justiça, em face à deliberação em audiência, datada de 08/05/2018, sem êxito:
>
> **4) Determino que seja feito uma avalição pelo Oficial de Justiça do imóvel localizado no município de Ananindeua**, após o pagamento das custas respectivas, expeça-se carta precatória para tanto, devendo o Oficial de Justiça entrar em contato com o inventariante para que promova a abertura do imóvel (Sr. Cláudio Barbosa - telefone: ____). Ficando, desde já, autorizado a venda frente concordância de todos os herdeiros, bem como da meeira, com depósito integral judicial.

> *LEI Nº 11.101, DE 9 DE FEVEREIRO DE 2005*
> *Art. 22.*
> *III*
> *h) contratar avaliadores, de preferência oficiais, mediante autorização judicial, para a avaliação dos bens caso entenda não ter condições técnicas para a tarefa;*

Por razões articuladas na alínea anterior, *é* quase que impositivo e *único* entendimento, seja procedida a avaliação por profissionais com experiência, apesar do que defende Milano, que *"... a contratação de avaliadores deverá ser feita sempre em relação a bens que não tenham preço conhecido no mercado..."*.

Nesse caso, sem que o AJ tenha condições razoáveis e seguras para fazê-lo, sugerimos se adotar como solução para remunerar esse profissional que avaliará os ativos da massa falida, que a remuneração se fixada para recebimento condicionada *à* realização dos ativos, se devidamente de acordo com o próprio avaliador e mediante autorização pelo Juízo.

> *LEI Nº 11.101, DE 9 DE FEVEREIRO DE 2005*
> *Art. 22.*
> *III*
> *i) praticar os atos necessários à realização do ativo e ao pagamento dos credores;*

Entendimento claro nesse comando, quanto *à* realização do ativo, ou seja, transformá-lo em dinheiro, dá-lhe liquidez, ainda que não importe necessariamente em inversão financeira diretamente em favor da massa.

Um exemplo:

- Existe arrolado nos bens da massa falida, determinado maquinário e nessa mesma falência, existem também cinco credores, cada um com créditos, que somados, equivalem ao valor do maquinário.

✓ Valor do maquinário .... R$ 90.000,00
✓ Valor dos créditos concursais ...... R$ 90.000,00

Praticar atos necessários *à* realização do ativo e ao pagamento dos credores pode muito bem passar pela realização de um negócio jurídico processual, dispositivo insculpido no art. 190 do Código de Processo Civil, sob a égide de que aproveitar-se-ia, dentro do processo falimentar, aos interessados transigirem em determinado ponto, em relação aos seus interesses, por óbvio, quando a situação enfrentada versar sobre direitos que admitam autocomposição pelas partes, comprovadamente capazes em sua plenitude para tal ato.

> Código de Processo Civil
> Art. 190. Versando o processo sobre direitos que admitam autocomposição, é lícito às partes plenamente capazes estipular mudanças no procedimento para ajustá-lo às especificidades da causa e convencionar sobre os seus ônus, poderes, faculdades e deveres processuais, antes ou durante o processo.

Certamente, cuidará o administrador judicial, além dos deveres que esta lei lhe comete, em algumas hipóteses, de ouvir a assembleia geral de credores, nos exatos termos do art. 22, I, "g"".

> *Lei nº 11.101/2005*
> *Art. 22. Ao administrador judicial compete, sob a fiscalização do juiz e do Comitê, além de outros deveres que esta Lei lhe impõe:*
> *I – na recuperação judicial e na falência:*
> *g) requerer ao juiz convocação da assembleia-geral de credores nos casos previstos nesta Lei ou quando entender necessária sua ouvida para a tomada de decisões;*

Esse cuidado *é* observado por Ulhôa, fls. 70.

> O administrador judicial não pode transigir sobre créditos e neg*ó*cios da massa falida nem conceder desconto ou abatimento, ainda que seja o crédito do edifício cobrança, a não ser que esteja previamente autorizado pelo juiz (ouvido o comitê e o falido).

Sob tal condição, o AJ ao observar as melhores doutrinas e jurisprudências bem como a legislação afetada, evitará cometer erros, ou se acontecer, estará minimamente respaldado por todos os credores que anuírem aos seus propósitos, aliás, que *é* objeto de advertência de MILANI, fls. 142, em outra análise, mas que vale *à* analogia desta situação, senão vejamos:

> "154. O administrador judicial *é* livre para transigir sobre obriga*ções* e direitos da massa falida e conceder abatimento? – Não, pois o *§* 3º do art. 22 preceitua, que para tanto, haverá necessidade de autoriza*ção* judicial, após ouvidos o comitê (se houver) e o devedor no prazo comum de dois dias".

Continua, o citado autor:

> "Haroldo Malheiros Duclerc Verçosa aduz: "Estas condições devem ser observadas mesmo que se trate de créditos da massa considerados de difícil recebimento. O texto não faz referência expressa mais deve entendesse que o pedido de autorização feito pelo administrador judicial para uma das finalidades ali previstas deverá ser acompanhado pela justificação que julgar cabível".

Todas as cautelas que destinem *à* segurança do administrador judicial deverão ser por este observadas, ainda que pareçam excessivas ou desnecessárias.

> *LEI Nº 11.101, DE 9 DE FEVEREIRO DE 2005*
> *Art. 22.*
> *III*
> *j) requerer ao juiz a venda antecipada de bens perecíveis, deterioráveis ou sujeitos a considerável desvalorização ou de conservação arriscada ou dispendiosa, nos termos do art. 113 desta Lei;*

Medida *óbvia,* precedida de cautela máxima, pelo AJ.

Recomenda-se ao administrador judicial, para não vender (realizar o ativo) açodadamente e a qualquer preço qualquer, mesmo sendo um bem perecível ou sujeito *à* deterioração, *à* desvalorização ou de conservação arriscada ou dispendiosa, se acautelar com um laudo pericial exarado por algum profissional da *área* tecnológica, demonstrando as condições dos bens, inclusive, para melhor identificar quais bens são caracterizados dentro desse critério.

Entendemos igualmente válido, juntar ao pedido a ser feito ao juiz, minimamente, alguma forma de avaliação, corroborada pelo próprio laudo pericial de avaliação, ainda que providenciada pelo próprio interessado na negociação ou aquisi*ção* de bens da falida, caso exista, que muito facilitará eventual decisão nesse sentido, sob pena de vir a ser indefere o pedido de autorização, a teor do exemplo conforme decisão a seguir:

> TJ-SP
> 2213849-65.2016.8.26.0000
> Classe/Assunto: Agravo de Instrumento / Recuperação judicial e Falência
> Relator(a): Alexandre Marcondes
> Comarca: Catanduva
> Órgão julgador: 2ª Câmara Reservada de Direito Empresarial
> Data do julgamento: 11/04/2017
> Data de publicação: 11/04/2017
> Ementa: RECUPERAÇÃO JUDICIAL. ALIENAÇÃO ANTECIPADA DE BENS MÓVEIS. Decisão que indefere o pedido de autorização para a venda de estrutura metálica denominada "porta-pallets" e outros bens empregados pela agravante em sua filial. Irresignação. Alegação de que referidos bens móveis são inservíveis e que a venda é útil à empresa em recuperação, podendo gerar recursos para o pagamento de verbas trabalhistas

Tal obrigação, fundamental ao bom desempenho da função judicial, aliás, observa competente magistério de Ulhôa, ao comentar o artigo 66 da Lei nº 11.101/05, *in* comentários à Lei de Falências e de recuperação de empresas, 2010, p. 214, que versa sobre alienação ou oneração de bens e direitos pertencentes ao ativo de empresa em recuperação judicial, a saber:

> "O empresário individual ou a sociedade empresária em recuperação judicial não tem suprimida sua personalidade jurídica. Continua existindo como sujeito de direito apto a contrair obrigações e titularizar crédito. Uma única restrição sofrerá em sua personalidade. Os atos de alienação ou oneração de bens ou direitos do ativo permanente só podem ser praticados se úteis à recuperação judicial.
> A utilidade do ato é presumida em termos absolutos se previstos no plano de recuperação judicial aprovado em juízo. Nesse caso, o bem pode ser vendido ou onerado, independentemente de qualquer outra formalidade ou anuência. Mas, se não constarem do plano de recuperação homologado ou aprovado pelo juiz, a utilidade do ato para a recuperação judicial deverá ser apreciada pelos órgãos desta. Assim, a alienação ou oneração só poderá ser praticada mediante prévia autorização pelo juiz, ouvido o Comitê"

O administrador judicial será sempre vitrine de maus momentos, razão para se acautelar sempre.

LEI Nº 11.101, DE 9 DE FEVEREIRO DE 2005
Art. 22.
III
l) praticar todos os atos conservatórios de direitos e ações, diligenciar a cobrança de dívidas e dar a respectiva quitação;

Quanto a praticar todos os atos conservatórios de direitos e ações, sob nossa visão contábil, o AJ deverá partir sempre dos registros contábeis disponíveis e também dos documentos e informações disponíveis dos autos, aliás, poderá até inverter essa ordem iniciando pelos autos, e confrontando com os registros contábeis a que tiver acesso regular.

Do ponto de vista contábil, como dissemos, o AJ deverá apropriar-se das informações contidas nas demonstrações contábeis, as quais poderão registrar recursos a serem recuperados, e, independente de outras constantes dos autos, os documentos do próprio devedor ou devedores deste, poderão fornecer boas informações a respeito de créditos muitas vezes não contabilizados, por exemplo, precatórios, créditos tributários, entre outros.

O fato de uma falência decorrer de recuperação judicial convolada, não implica em extinção de seus direitos, ao contrário, o AJ deverá diligenciar em todos os sentidos possíveis para restauração dos haveres da massa, os quais garantirão, não somente a quitação dos credores, como permitirão ao próprio AJ a garantia do recebimento de sua remuneração.

Esta hipótese, aparentemente desprovida de factibilidade, acontece muito, obrigando que o AJ seja bastante eficiente na investigação de haveres da massa, eficiência essa que confronta com muita bagunça, muitas vezes criminosa seja por sócios da falida, seja por ação omissiva do próprio AJ, fato que leva ao comentário de Milani, *in* Lei de Recuperação Judicial, Recuperação Extrajudicial e Falência Comentada, fls. 141:

> "Muitos casos de falência decorrem de uma falta de organização mínima na administração de demandas judiciais".

Se essa falta de organização mínima na administração de demandas judiciais não decorrer de omissão do AJ, poderá representar algum indício de estar comprometida com ações tendentes *à* revelação das causas da falência.

Qualquer que sejam as razões que lavam a uma falência, ao AJ não cabe dar mais azo ao caos empresarial, sob pena de vir a ser destituído de sua função, *é* o que se segue da decisão colacionada, de processo no qual tivemos oportunidade de atuar em substituição *à* frustrada administração judicial, a seguir:

> "No caso em apreço, antevejo que a Administradora Judicial não cumpriu satisfatoriamente as obrigações inerentes função para a qual foi nomeada. Ao invés de cumprir as atribuições relacionadas no art. 22 da LRJF, a Administradora Judicial atravessou nos autos enormes petições, confusas e inteligíveis,

destituídas de conteúdo e recheadas de colagens de atos processuais anteriores para, ao final, não apresentar qualquer conclusão lógica ou significativa".

É inequívoco o cansaço do juiz, revelado por uma sequência de erros da administração judicial:

> "Há de se destacar, por exemplo, os imóveis de propriedade da Massa Falida, os quais foram individualizados nos autos, cuja indisponibilidade decretada s fls. 392/393 - Vol. 2 foi inclusive averbada nas respectivas matrículas (fls. 513 - Vol. 3), permaneceram e permanecem sem qualquer administração, limitando-se a Administradora Judicial a informar que os alugueis no estão sendo depositados em juízo.

Todos esses fatos ensejaram medida mais radical, como a destituição do administrador judicial, a teor do que dispõe o Art. 31 da lei sob comento, se o juiz, verificar desobediência aos preceitos desta Lei, descumprimento de deveres, omissão, negligência ou prática de ato lesivo às atividades do devedor ou a terceiros, conforme se depreende:

> Ora, compete ao Administrador Judicial a representação judicial da Massa Falida e praticar atos de administração do seu patrimônio, e, no entanto, nada foi praticado com a finalidade de se regularizar ou formalizar a utilização que tem sido dada aos imóveis. O exemplo acima apenas comprova que, ao invés de apresentar enfadonhos e desnecessários relatórios sobre a sequência de atos processuais praticados nesta falência (fls. 583/620 - Vol. 3, 622/643 - Vol. 4, 764/768 - Vol. 4, etc.), a Administradora Judicial se abstivesse de praticar atos importantíssimos para o desenvolvimento do processo de falência, tais como as relacionadas no art. 22, I e III, da LRJF. Note-se que neste processo de falência no houve sequer a formação de uma lista de credores que viesse a se tornar pública, e não houve a expedição de Auto de Arrecadação com Laudo de Avaliação dos bens arrecadados, na forma do art. 110 da LRJF. Nesse contexto, e com fundamento no art. 31 da LRJF, destituo ***fulana*** da função de Administradora Judicial neste processo de falência e, por consequência, determino que a mesma apresente prestação de contas no prazo de 10 dias, tudo na forma estabelecida pelo art. 31, 2, da LRJF.

Quanto a diligenciar a cobrança de dívidas e dar a respectiva quita*ção*, ainda dentro dos comentários ao mesmo inciso, essa mesma circunstância nos permitiu uma série de aprendizados.

O comando legal *é* claro, deverá o AJ, cobrar dívidas, logo recuperar direitos em favor da massa, dando aos devedores dessa, suas respectivas quitações, *é* a sua exegese.

Extrai-se, ainda, que deverá o AJ garantir, ao máximo, a restauração dos recursos disponíveis, os quais serão mobilizados em favor da massa falida, para fazer frente a suas obriga*ções*.

Nesse sentido, atento *à* nomeação em decorrência da destituição do administrador judicial, a teor do que dispõe o Art. 31 da lei, vimo-nos obrigados a ampliar a visão sobre a natureza da atividade empresarial e retomar os registros contábeis-fiscais, documentais, entre outros, até mesmo a oitiva dos sócios da falida acerca de contratos não recebidos, cujos serviços tivessem sido prestados efetivamente.

O resultado foi absolutamente inusitado e bastante festejado, ante à expectativa de os credores da massa falida, virem a ter satisfeitos seus créditos, o que era improvável na administração judicial anterior, agora, tornado possível, por nossa determinação, em face ao cenário revelado em decorrência do ato de destituição da AJ que sucedemos.

A expectativa criada, positiva, tem sentido à medida que se defina a demanda judicial, cuja decisão do juízo de base, ao qual se submeteu, mereceu seguinte apreciação:

> O embargado ajuizou ao de execução de título extrajudicial, objetivando o pagamento devido pelos serviços prestados pelo mesmo, estes de vigilância patrimonial armada, que contaria com parcelas vencidas e no pagas.
> O valor atualizado do débito, segundo cálculos por si apresentados, representaria a importância de R$ 2.067.036,47 (dois milhes e sessenta e sete mil e trinta e seis reais e quarenta e sete centavos). Juntou contrato, termos aditivos e outros documentos.
> Devidamente citado para apresentar embargos execução como determina o Código de Processo Civil, assim procedeu o ESTADO DO PARÁ, aduzindo, em síntese, a inexistência de título executivo essencial propositura da demanda, frente o descumprimento de obrigação consistente na entrega de documentos comprobatórios de despesas, a dizer, notas fiscais, comprovantes de pagamentos de funcionários, recolhimento de tributos, etc., de sorte a viabilizar a liquidação da despesa, o que ensejaria violação aos Arts. 62 e 63 da Lei 4.320/64. A embargada manifestou-se acerca dos embargos em execução, rebatendo as alegações do embargante.
> Os autos vieram conclusos para sentença.
> Em síntese o relatório.
> Decido.
> Fundamentação.
> Compulsando as provas contidas nos autos, vê-se do contrato pactuado, seus aditivos, e da nota técnica exarada pelo embargante, dentre outros, que consta o ente estadual como devedor da obrigação aqui trazida, com a especificação de todos os serviços prestados, bem como os valores devidos ao credor.
> ...
> Tais documentos formalizam título executivo extrajudicial passível de execução nos moldes aqui verificados.
> No que pertine a tese defensiva, de que não teriam sido apresentados documentos essenciais para a liquidação do pagamento, condição legal para adimplemento da despesa, nos termos da Lei 4.320/64, que exigiria esse requisito para a verificação objetiva do cumprimento da avença, tal argumento não merece prosperar.
> Verificamos, pela já mencionada nota técnica, produzida unilateralmente pelo próprio embargante, que a obrigação em questão foi efetivamente

liquidada pelo Estado, ante se mostrarem identificados os valores que serão devidos a título de contraprestação, presumindo-se, portanto, que houve a prestação do serviço, já que a liquidação da despesa s pode ocorrer, segundo os próprios termos do art. 63, III, 2 da cotejada Lei 4.320/64, com "os comprovantes da entrega de material ou da prestação efetiva do serviço».
O ente, outrossim, no trouxe aos autos quaisquer elementos modificadores, impeditivos ou extintivos do crédito perseguido, limitando-se em sua peça de resistência a negar de forma genérica a prestação do serviço. Desta forma, não nos parece juridicamente aceitável que a empresa prejudicada no possa demandar contra a administração pública, real beneficiária dos serviços prestados, os valores a que faz jus pelos serviços executados, sob pena de configuração de enriquecimento ilícito por parte da administração pública.
Dispositivo.
Posto isto, julgo improcedentes os Embargos Execução opostos, determinando que ESTADO DO PARÁ pague MASSA FALIDA DE ***VALEU À PENA*** LTDA os valores devidos a título de adimplemento do contrato n 29/2004, importância esta que dever ser apurada em sede de liquidação de sentença, e ser atualizada e corrigida monetariamente de acordo com o art. 1-F da Lei 9494/97, a partir da data da propositura da ao, pelo que, por consequência, DECRETO EXTINTO O PROCESSO COM RESOLUÇÃO DO MÉRITO, na forma do art. 487, I, do CPC.

Com efeito, esses atos, principalmente, os que envolvem recebimento (origem) e pagamento (aplicação), ao final, remeterão *à* presta*ção* de contas pelo AJ, daí a importância de todos os atos praticados na administra*ção* da falência, serem regiamente documentados, como foi esse caso, inclusive os decorrentes de demanda judicial.

> *LEI Nº 11.101, DE 9 DE FEVEREIRO DE 2005*
> *Art. 22.*
> *III*
> *m) remir, em benefício da massa e mediante autorização judicial, bens apenhados, penhorados ou legalmente retidos;*

O ato de remir, no contexto legal acima, *é* o verbo que consiste em tornar a obter, a conseguir, ou ainda em sentido oposto, livrar(-se), libertar(-se), resgatar(-se). A remição em favor da massa, configura-se ato expropriatório de inversão financeira de coisa penhorada em dinheiro, ou seja, existe um bem preso a uma determinada dívida, então esse bem será convertido em valor que lhe corresponda a quantia de dinheiro, objetivando satisfazer o credor. Interessa esclarecer, em relação aos valores históricos contabilizados, demonstrados nas peças contábeis, que havendo uma dívida em valor superior ao bem que se lhe vincula à obrigação de saldá-la, será uma vantagem para massa, se eventualmente conseguir remir esse bem com deságio da dívida e liquidá-la.

Lembramos o magistério de Coelho, 2010, fls. 70, que ensina:

"O administrador judicial não pode transigir sobre créditos e negócios da massa falida nem conceder desconto ou abatimento, ainda que seja o crédito do edifício cobrança, a não ser que esteja previamente autorizado pelo juiz (ouvido o comitê e o falido)".

Por analogia, a remissão de qualquer bem penhorado, apenhado, ou constrito, deverá ser submetido ao juízo.

> *LEI Nº 11.101, DE 9 DE FEVEREIRO DE 2005*
> *Art. 22.*
> *III*
> *p) apresentar ao juiz para juntada aos autos, até o 10º (décimo) dia do mês seguinte ao vencido, conta demonstrativa da administração, que especifique com clareza a receita e a despesa;*

Mais um comando que envolve conceito de natureza contábil-financeira. Imagine-se, havendo algum histórico contábil, que o AJ deverá partir daquele marco, por exemplo, se há haveres, créditos, portanto, e são recebidos, serão informados nessa mesma conta demonstrativa da administração, mas não somente isso. Havendo dívidas registradas contabilmente, suas quitações serão igualmente informadas nessa mesma prestação de contas pela administração judicial.

O comando menciona, ainda, receita e a despesa, logo, a possibilidade de atos de gestão que importem, a título de exemplo, na realiza*ção* de estoques existentes, ou, na venda de ativos, isso, representando receitas. Se se trata de despesas contraídas pela massa falida, então, o pagamento de contas de consumo, por exemplo, gasto com energia, serviços de vigilância, entre outros.

> *LEI Nº 11.101, DE 9 DE FEVEREIRO DE 2005*
> *Art. 22.*
> *III*
> *q) entregar ao seu substituto todos os bens e documentos da massa em seu poder, sob pena de responsabilidade;*

Conceito meramente instrumental, mas, ante *à* visão da técnica contábil, e narramos um casso anteriormente em que não tivemos informações satisfatórias acerca do acervo da massa falida, reputa-se fundamental ao administrador, com forma*ção* contábil, ampliar sua análise em relação ao conjunto de bens, direito e obrigações que formam o patrimônio da massa falida, a fim de não deixar de fora de sua prestação de contas, todas as informações que importam na gestão de lima falência.

O mesmo raciocínio vale para o AJ que assume, se tiver uma visão contábil própria, ou por meio de assessoria competente, acerca da obrigação decorrente do encargo judicial que passará a representar.

> *LEI Nº 11.101, DE 9 DE FEVEREIRO DE 2005*
> *Art. 22.*
> *III*
> *r) prestar contas ao final do processo, quando for substituído, destituído ou renunciar ao cargo.*

Entendemos, sob o prisma contábil, ser fundamental esse ato de prestar contas, por se tratar de comprovação de fatos patrimoniais relacionadas à massa falida, descrevendo-os à luz da técnica contábil, no que pertine às classificações e verificações dessa natureza, visando obter aceitação irrestrita da gestão falimentar, pelo juízo, credores, *parquet* e quem mais possa.

A complexidade do ato *é* medida pelo conjunto de informações – *bens, direitos, obrigações, receitas e despesas* – dessa conta demonstrativa da administração que trata a lei, portanto, mais um retrato ou radiografia est*á*tica em relação *à* evolução da falência.

Ato de prestar contas, não pode ser aleatório e tampouco desprovido de mínimos critérios técnicos, tomando como balizamento o seguinte conceito por Sá, *in* Dicionário de Contabilidade, 2009, a saber:

> "Prestação de contas – Apresentação de fatos patrimoniais, comprovando-os, historiando-os e preparando-os para receber a classificações e verificações de natureza contábil, visando obter aprovação de uma gestão".

O conceito é cristalino, muito embora, não explorado pelos tratadistas da área jurídica.

> *LEI Nº 11.101, DE 9 DE FEVEREIRO DE 2005*
> *Art. 30. Não poderá integrar o Comitê ou exercer as funções de administrador judicial quem, nos últimos 5 (cinco) anos, no exercício do cargo de administrador judicial ou de membro do Comitê em falência ou recuperação judicial anterior, foi destituído, deixou de prestar contas dentro dos prazos legais ou teve a prestação de contas desaprovada.*

Não prestar contas, conforme se revela na lei, pode ser limitador ou impeditivo de novas nomeações em relação a um administrador judicial que tenha deixado de fazê-lo. Aliás, rigorosamente, se sua prestação de contas se fizer desprovida de mínimos critérios técnicos, tomando como balizamento o seguinte conceito por Antônio e Ana Maria Lopes de Sá, *in* Dicionário de Contabilidade, 2009, sinaliza a gestão temerária da falência sob sua responsabilidade, em analogia ao conceito empresarial, que aqui se apropria à circunstância de recuperação ou falência de empresas os critérios conceituais.

Seguindo mesmo magistério de Antônio e Ana Maria Lopes de Sá, registra-se a importância atribuída ao ato administrativo de prestar contas, sob o aspecto econômico-contábil:

> "Nas prestações de contas deve-se observar sempre a qualidade da documentação... etc. A prestação de contas é uma satisfação que os administradores dão ao interessado no andamento da empresa".

Mais uma vez, remete à matéria contábil, agora, no que se refere ao seu aspecto financeiro, posto que, não se está tratando de um simples relatório listando medidas meramente administrativas tomadas, mas, de relatório com sua efetiva comprovação documental.

Eventualmente, o ato de prestar contas, envolve, no âmbito da falência ou recuperação judicial, por exemplo, recebimentos de valores ou pagamentos a credores, o que impõem a apresentação de relatório circunstanciado desses fatos e atos da gestão em sedes de recuperação ou falência, pelo AJ.

Descrevê-los corretamente e documentá-los adequadamente, é ordem natural, mínima, com adequação, no que for possível aos critérios conceituais contábeis prelecionados por Antônio e Ana Maria Lopes de Sá, conforme a seguir delineados:

> Documentação contábil – Documentos que representou a comprovação dos lançamentos realizados; documentos que originam os lançamentos contábeis.
> Complexo de livros, listagens, arquivos magnéticos, comprovantes, papéis, fichas e outros lançamentos que acompanha a escrita contato documentação contábil. Documentos que representou a comprovação dos lançamentos realizados; documentos que originam os lançamentos contábeis. Complexo de livros, listagens, arquivos magnéticos, comprovantes, papéis, fichas e outros lançamentos que acompanha a escrita contábil.

A prestação de contas consubstanciada em informações sólidas e suficientes, afasta questionamentos dos atores que se envolvem na recuperação judicial ou na falência, sobretudos os credores, a teor da decisão abaixo destacada:

> TJSP
> AGRAVO DE INSTRUMENTO Nº 2012865-31.2017.8.26.0000
> Comarca: São Paulo
> Órgão julgador: 2ª Câmara Reservada de Direito Empresarial
> Ementa: FALÊNCIA. BANCO SANTOS. PRESTAÇÃO DE CONTAS. ADMINISTRADOR JUDICIAL. Agravo de instrumento contra a decisão que julgou boas as contas apresentadas. Conquanto a decisão agravada não tenha apreciado todas as impugnações dos agravantes e decidido de forma fundamentada cada uma delas, diante dos esclarecimentos prestados pelo Administrador, viu-se que as insurgências dos agravantes em relação às contas não poderiam ser acolhidas. O Administrador prestou informações sólidas e suficientes a afastar todos os questionamentos dos credores e, por isso, a decisão agravada corretamente julgou boas as contas prestadas. Recurso não provido.

Reservamos importância ao assunto, menos por corporativismo profissional e mais por dever de informar a todos, em especial aos colegas contadores, pelo menos, por duas razões: *i)* pouca ou nenhuma atenção é dedicada por renomados autores do Direito Empresarial; *ii)* ausência de disciplinas nas graduações e pós-graduações em Ciências Contábeis.

> *LEI Nº 11.101, DE 9 DE FEVEREIRO DE 2005*
> *Art. 63. Cumpridas as obrigações vencidas no prazo previsto no caput do art. 61 desta Lei, o juiz decretará por sentença o encerramento da recuperação judicial e determinará:*
> *I – o pagamento do saldo de honorários ao administrador judicial, somente podendo efetuar a quitação dessas obrigações mediante prestação de contas, no prazo de 30 (trinta) dias, e aprovação do relatório previsto no inciso III do caput deste artigo;*

O juiz decretará por sentença o encerramento da recuperação judicial e somente poderá determinar a quitação do pagamento do saldo de honorários ao administrador judicial, após sua prestação de contas tempestiva.

17. Novas disposições legais. Necessidade permanente de atualização contábil

Exemplo dessas disposições legais que muito atraem a formação de profissionais da área contábil e até econômica, provavelmente serão mais intensas daqui em diante, podendo se atentar para:

> *LEI Nº 11.101, DE 9 DE FEVEREIRO DE 2005*
> *Art. 43. Os sócios do devedor, bem como as sociedades coligadas, controladoras, controladas ou as que tenham sócio ou acionista com participação superior a 10% (dez por cento) do capital social do devedor ou em que o devedor ou algum de seus sócios detenham participação superior a 10% (dez por cento) do capital social, poderão participar da assembléia-geral de credores, sem ter direito a voto e não serão considerados para fins de verificação do quorum de instalação e de deliberação.*

Na sequência, ainda, mais dispositivos que interessam ao nosso comentário deste autor, entre os quais destacamos:

> *LEI Nº 11.101, DE 9 DE FEVEREIRO DE 2005*
> *Art. 48. Poderá requerer recuperação judicial o devedor que, no momento do pedido, exerça regularmente suas atividades há mais de 2 (dois) anos e que atenda aos seguintes requisitos, cumulativamente:*
> *§ 2º Tratando-se de exercício de atividade rural por pessoa jurídica, admite-se a comprovação do prazo estabelecido no caput deste artigo por meio da Declaração de Informações Econômico-fiscais da Pessoa Jurídica - DIPJ que tenha sido entregue tempestivamente. (Incluído pela Lei nº 12.873, de 2013)*

Novamente a lei traz no seu conteúdo, conceito próprio da atividade fiscal-contábil, que poderá vir a ser alterado pela Lei nº 14.112/2020, na seguinte redação:

> *LEI Nº 11.101, DE 9 DE FEVEREIRO DE 2005*
> *§ 2º No caso de exercício de atividade rural por pessoa jurídica, admite-se a comprovação do prazo estabelecido no caput deste artigo por meio da Escrituração Contábil Fiscal (ECF), ou por meio de obrigação legal de registros contábeis que venha a substituir a ECF, entregue tempestivamente. (Redação dada pela Lei nº 14.112, de 2020)*

Houve aprovada, ainda, a inclusão dos parágrafos 3º, 4º e 5º, ao art. 48 da lei, a saber:

> *LEI Nº 11.101, DE 9 DE FEVEREIRO DE 2005*
> *§ 3º Para a comprovação do prazo estabelecido no caput deste artigo, o cálculo do período de exercício de atividade rural por pessoa física é feito com base no Livro Caixa Digital do Produtor Rural (LCDPR), ou por meio de obrigação legal de registros contábeis que venha a substituir o LCDPR, e pela Declaração do Imposto sobre a Renda da Pessoa Física (DIRPF) e balanço patrimonial, todos entregues tempestivamente. (Incluído pela Lei nº 14.112, de 2020)*
> *§ 4º Para efeito do disposto no § 3º deste artigo, no que diz respeito ao período em que não for exigível a entrega do LCDPR, admitir-se-á a entrega do livro-caixa utilizado para a elaboração da DIRPF. (Incluído pela Lei nº 14.112, de 2020)*
> *§ 5º Para os fins de atendimento ao disposto nos §§ 2º e 3º deste artigo, as informações contábeis relativas a receitas, a bens, a despesas, a custos e a dívidas deverão estar organizadas de acordo com a legislação e com o padrão contábil da legislação correlata vigente, bem como guardar obediência ao regime de competência e de elaboração de balanço patrimonial por contador habilitado. (Incluído pela Lei nº 14.112, de 2020)*

Quanto à inclusão destes dispositivos na lei atual redação da lei aqui comentada, é inegável que traz no seu bojo termos técnicos acima destacados, bem como outros mais específicos ainda, como os que constaram no art. 50-A, da lei, incluído pela Lei nº 14.112, de 2020, a saber:

> Art. 50-A. Nas hipóteses de renegociação de dívidas de pessoa jurídica no âmbito de processo de recuperação judicial, estejam as dívidas sujeitas ou não a esta, e do reconhecimento de seus efeitos nas demonstrações financeiras das sociedades, deverão ser observadas as seguintes disposições:
> I - a receita obtida pelo devedor não será computada na apuração da base de cálculo da Contribuição para o Programa de Integração Social (PIS) e para o Programa de Formação do Patrimônio do Servidor Público (Pasep) e da Contribuição para o Financiamento da Seguridade Social (Cofins);
> II - o ganho obtido pelo devedor com a redução da dívida não se sujeitará ao limite percentual de que tratam os arts. 42 e 58 da Lei nº 8.981, de 20 de janeiro de 1995, na apuração do imposto sobre a renda e da CSLL; e
> III - as despesas correspondentes às obrigações assumidas no plano de recuperação judicial serão consideradas dedutíveis na determinação do lucro real e da base de cálculo da CSLL, desde que não tenham sido objeto de dedução anterior.

> Parágrafo único. O disposto no **caput** deste artigo não se aplica à hipótese de dívida com:
> I - pessoa jurídica que seja controladora, controlada, coligada ou interligada; ou
> II - pessoa física que seja acionista controladora, sócia, titular ou administradora da pessoa jurídica devedora.

Todos esses conceitos foram facilmente identificados em recuperações judiciais de vulto econômico expressivo e passaram a ser refletidos na nova lei, obrigando a operadores da lei e o próprio legislador a adotá-los, atualizando o dispositivo.

Todas essas proposições de alterações, por inclusão, exigirão maior atenção pelo administrador judicial quanto aos conceitos contábeis e fiscais próprios à formação profissional contábil.

Capítulo 5

OS REQUISITOS CONTÁBEIS, NA LEI DE RECUPERAÇÃO JUDICIAL DE EMPRESAS, PARA O DEFERIMENTO DO PROCESSAMENTO DA RECUPERAÇÃO JUDICIAL

18. Requisitos contábeis na instrução do pedido

O legislador vinculou ao pedido de recuperação judicial uma série de requisitos a serem cumpridos, entre esses a apresentação de demonstrativos contábeis.

Mas não somente isso, há ainda a necessidade de informar *i)* a natureza, a classificação e o valor atualizado do crédito, decorrentes de obrigação de fazer ou de dar; *ii)* indenizações e outras parcelas a que têm direito os empregados, com o correspondente mês de competência, e a discriminação dos valores pendentes de pagamento; *iii)* extratos atualizados das contas bancárias do devedor e de suas eventuais aplicações financeiras; iv) ações judiciais em que este figure como parte, inclusive as de natureza trabalhista, com a estimativa dos respectivos valores demandados.

Observa-se que estas informações requeridas, entre outras, são necessariamente vinculadas aos dados contidos nas demonstrações contábeis, sobretudo após o advento das normas internacionais de contabilidade que repercutiram na legislação contábil nacional.

É fato que não é de domínio do magistrado o conhecimento de matéria contábil, e que a maioria dos juízos vinculados à demandas recuperacionais não conta com estrutura de apoio suficiente para garantir, por exemplo, uma decisão acerca da validade dos documentos contábeis apresentados pelo pretendente à recuperação.

A decisão, maioria das vezes prescinde de um parecer pericial contábil que possa confirmar a validade e suficiência que os demonstrativos contábeis-financeiros merecem tal como a credibilidade técnica pela natureza da informação que representam, inclusive podendo apontar para a viabilidade econômica da recuperação, ou não.

Também não é comum às varas cíveis e empresariais procederem a remessa dos autos, quanto a esse ponto, ao Ministério Público que normalmente dispõe de apoio contábil qualificado, a fim de obter opinião do *parquet* acerca da regularidade dos documentos de suporte do pedido de recuperação.

É fundamental demonstrar o suporte fático probatório, mínimo, da viabilidade econômica e operacional das empresas em recuperação.

O desejável, fosse que juízes optassem pela realização de perícia contábil prévia, antes de proferirem a decisão de processamento da recuperação, a fim de se assegurarem quanto à legalidade, idoneidade, em última análise quanto à real possibilidade de viabilidade econômica do requerente.

A lei não traz tal disposição ou previsão legal.

O art. 52, da LFRJ impõe ao juiz deferir o processamento da recuperação judicial se a documentação exigida no seu *caput* estiver em termos, ou seja, plenamente instruída.

> *LEI Nº 11.101, DE 9 DE FEVEREIRO DE 2005*
> *Art. 52. Estando em termos a documentação exigida no art. 51 desta Lei, o juiz deferirá o processamento da recuperação judicial e, no mesmo ato:*

Toledo e Abrão lecionam *in* Comentários a Lei de Recuperação de Empresas e Falências, 2010, que:

> Se a petição inicial preencher os requisitos do art. 282 do CPC, e estiver instruída com os documentos essenciais especificados no art. 51 e, conforme disposto nos comentários abatido e 51, itens 2.1 a 2.5, o juiz proferir a despacho de processamento da recuperação...

Por sua vez, Fabio Ulhôa Coelho, *in* Comentários a Lei de Falência e de Recuperação de Empresas, 2010, esclarece:

> O pedido de tramitação é acolhido no despacho de processamento, em vista apenas de dois fatores a legitimidade ativa da parte requerente e a instrução nos termos da lei. Ainda não está definido, porém, que a empresa do devedor é viável e, portanto, ele tem o direito ao benefício. Só a tramitação do processo, ao longo da fase deliberativa, fornecerá os elementos para a concessão da recuperação judicial.

Voltando algumas páginas, às fls. 171, Ulhôa Coelho observa quanto aos requisitos relativos à instrução nos termos da lei:

> 123. Requisitos da petição inicial de recuperação judicial.
>
> Além dos requisitos para a legitimação ativa (art. 48), exige-se do devedor interessado em obter o benefício da recuperação judicial o atendimento a diversas condições; algumas formais, outras, materiais. É necessário, por exemplo, que ela torne acessíveis aos credores certas demonstrações contábeis, indispensáveis a adequada a verificação de sua situação econômica, financeira e patrimonial. De outro lado, ela deve ter um plano viável de recuperação da atividade em estado crítico.

Coerente opinião atribui importância à informação contábil, porquanto destaca devam ser "acessíveis aos credores certas demonstrações contábeis, indispensáveis a adequada a verificação de sua situação econômica, financeira e patrimonial".

Essa "verificação de sua situação econômica, financeira e patrimonial", quanto aos critérios objetivos, não deveria ficar restrita ao juízo de admissibilidade do Juiz, cuja formação por mais primorosa seja, não detém muitas vezes a expertise necessária ao enfrentamento de uma análise mais aprofundada em matéria contábil.

Ainda, Ulhôa Coelho, fls. 171:

> Em consequência, a lei determina que a petição inicial do pedido de recuperação judicial seja necessariamente instruída com certos elementos e documentos, sem os quais não se consideram atendidas as condições para obtenção do benefício. Trata-se de extensa lista, cujo os itens não podem ser dispensados pelo juiz. Somente depois de se encontrar convenientemente instruída a petição inicial, poderá ele proferir o despacho autorizando o processo do pedido de recuperação judicial.

No mesmo diapasão, fls. 173:

> É importante o acesso dos credores a essas demonstrações contábeis por que servem de suporte à análise financeira do devedor pelos profissionais da área que eventualmente os assessorem.

Milani, em Lei de Recuperação Judicial, Extrajudicial e Falência Comentada, 2011, fls. 233:

> Apontemos uma inovação: enquanto a lei anterior exigia a apresentação das demonstrações financeiras referente ao último exercício e das levantadas especialmente para instruir o pedido de concordata, a atual lei passou a exigir as demonstrações contábeis relativas aos três últimos exercícios sociais, além daquelas levantadas especialmente para instruir o pedido de recuperação.

Continua, Milani, Lei de Recuperação Judicial, Extrajudicial e Falência Comentada, 2011, ainda às fls. 233:

> A inovação parece luz salutar, já que para aferir a viabilidade do empreendimento do devedor não basta um exame mais recente da situação econômico-financeira, mas é imprescindível análise do histórico do devedor.

A complexa questão relativa aos requisitos contábeis, na lei de recuperação judicial de empresas, para o deferimento do processamento da recuperação judicial, sob ponto de vista contábil, pode ser demonstrada por meio de análises qualificadas, em circunstâncias diferentes, por muitos autores.

McCullers, Daniker, em Introdução a Contabilidade financeira, Editora Interciência, 1978, fls. 4, assim se manifestam:

> A finalidade da Contabilidade é fornecer informação quantitativa fundamentalmente de natureza financeira, como entrada para o processo de tomada de decisão. A fim de cumprir adequadamente esta função, a Contabilidade envolve os processos de: (a) Identificação, (b) avaliação e (c) comunicação conveniente da informação econômica aqueles que precisam tomar decisões econômicas.

Ainda esses autores, às fls. 17, trazem:

> Demonstrações financeiras contábeis são produto final do processo de Contabilidade financeira. Essas demonstrações servem como meios de comunicação da informação, que já foi identificada e avaliada de acordo com critérios estabelecidos no capítulo primeiro. Para atingir esses objetivos as demonstrações devem ser preparadas de acordo com os princípios geralmente aceitos.

Iudicibus, *in* Análise de Balanços, 1990, fls. 24, assevera:

> É provável, todavia, que dois analistas experimentados, conhecendo igualmente o bem o ramo de atividade da empresa, cheguei a conclusão bastante parecidas mas nunca idênticas sobre a situação atual da empresa, embora quase sempre a putaria um tendências diferentes, pelo menos em grau, para o empreendimento

Segue-se, dai, que Toledo, Abraão, *in* comentários a Lei de Recuperação de empresas e Falência, fls. 205, abordam o tema, no que refere à necessária instrução da petição inicial.

> 2.5.2. Demonstrações contábeis e demais documentos exigidos pelo antigo. 51, II a IX, da LRE
> A LRE determina que a petição inicial seja instruída também com os documentos discriminados no artigo... "permanecendo os especificados no art. 51", e "demais relatórios... complementares" à disposição do juízo, do administrador judicial e, mediante autorização "do juiz da causa".

Seguem os autores às fls. 207:

> Se a petição inicial preencher os requisitos do art.282 do CPC, e estiver instruída com os documentos essenciais especificados no art. 51 da LRE, conforme exposto nos comentários ao art. 51, itens 2.1 a 2.5, o juiz proferirá despacho de processamento da recuperação...
>
> ... caso contrário, manda que o devedor "a emende ou a complete" (CPC, art. 284) ou a instrua com os documentos essenciais que faltarem... sob pena de indeferimento da petição inicial (CPC, art.284, parágrafo único) ...

É pacífico o entendimento, em nossa opinião não científica, mas, baseada em fatos, acerca da não dispensa de documentos contábeis para fins de instrução do pedido de recuperação judicial, podendo o juízo, valer-se da opinião do Ministério Público nesse sentido, conforme ainda prelecionam, fls. 207, os autores aqui citados:

> O representante do Ministério Público será ouvido desde o limiar do processo...
> Após analisar os termos da petição inicial e os documentos que instruem, o qual, sem dúvida, auxiliar ao juiz na aprovação do despacho inicial...

O mesmo se dá quanto à importância das demonstrações contábeis, no que refere à análise da exposição das causas concretas da situação patrimonial do devedor e das razões da crise econômico-financeira, argumentadas pelo próprio, que precisam ser confirmadas, ou não, através das referidas demonstrações contábeis, mediante a realização de Perícia Judicial Contábil.

19. Possibilidade de realização prévia de Perícia Contábil

Com efeito, a realização da perícia prévia como condição de deferimento do processamento do pedido de recuperação judicial da empresa ou grupo de empresas devedoras, bem poderia tornar-se prática comum no judiciário nacional, à exemplo do que fazem as diversas Vara de Falências e Recuperações Judiciais, como se tem observado no TJ-SP.

Em processo local, na Comarca desta capital, tivemos oportunidade de cumprir uma inspeção *in loco* para averiguar se a empresa que requeria sua recuperação estava em operação, se os números apresentados nos anexos aa inicial, eram efetivamente compatíveis com sua documentação interna.

A constatação foi fatal. Nada correspondia aos dados da realidade da empresa peticionante.

Justificou-se plenamente a realização daquela perícia, não somente pelas limitações técnicas do juiz para analisar a documentação submetida, ainda que a lei não tenha como requisito tal procedimento, como por todo o ardil usado pela empresa para obter um favor da lei, para o qual não detinha menor condição.

A propósito, valeu nesse caso a intuição do magistrado.

O desejável, fosse que juízes optassem pela realização de perícia contábil prévia, antes de proferirem a decisão de processamento da recuperação, a fim de se assegurarem quanto à legalidade, idoneidade, em última análise quanto à real possibilidade de viabilidade econômica do requerente.

A lei não traz tal disposição ou previsão legal.

O art. 52, da LFRJ impõe ao juiz deferir o processamento da recuperação judicial se a documentação exigida no seu *caput* estiver em termos, ou seja, plenamente instruída.

20. Mais requisitos contábeis

> LEI Nº 11.101, DE 9 DE FEVEREIRO DE 2005
> Art. 52. Estando em termos a documentação exigida no art. 51 desta Lei, o juiz deferirá o processamento da recuperação judicial e, no mesmo ato:

Algumas considerações acerca dessa prática devem ser analisadas.

Primeiro, o juiz não necessariamente conhece Contabilidade, portanto, nem pode saber discernir uma de outra demonstração contábil, muito menos se essas se encontram em conformidade com a legislação profissional.

Segundo, é necessário pensar que tais documentos são passiveis de fraude ou até simples não conformidades que lhe os tornem imprestáveis para os fins da lei.

Terceiro, a efetiva eficácia dessa decisão restaria prejudicada sem a realização de uma perícia contábil, cuja com resposta negativa colocasse a decisão concessiva em risco.

Quarto, a utilidade deste tipo de perícia, afastada a questão de honorários para sua realização, é fundamental para o despacho, para a celeridade processual, possivelmente favorecendo até a convolação em falência pura, do das competências juízo quanto ao controle de legalidade.

E, por quinto e último aspecto, sem que se encerrem, o procedimento constitui medida cautelar aos demais atos processuais que decorrem da concessão do processamento da recuperação.

21. Situação Patrimonial do Devedor e razões da crise econômico-financeira

Sobre a exposição das causas concretas da situação patrimonial do devedor e das razões da crise econômico-financeira, nos termos do inciso I, do art. 51, é inequívoca a natureza da informação contábil.

É essa a expressa disposição da lei, a saber:

> *Lei 11.101/2005*
> *Do Pedido e do Processamento da Recuperação Judicial*
> *Art. 51. A petição inicial de recuperação judicial será instruída com:*
> *I – a exposição das causas concretas da situação patrimonial do devedor e das razões da crise econômico-financeira;*
> *II – as demonstrações contábeis relativas aos 3 (três) últimos exercícios sociais e as levantadas especialmente para instruir o pedido, confeccionadas com estrita observância da legislação societária aplicável e compostas obrigatoriamente de:*
> *a) balanço patrimonial;*
> *b) demonstração de resultados acumulados;*
> *c) demonstração do resultado desde o último exercício social;*
> *d) relatório gerencial de fluxo de caixa e de sua projeção;*

Coelho, 2010, fl. 171:

> 123. Requisitos da petição inicial de recuperação judicial.
> Além dos requisitos para a legitimação ativa (art. 48), exige-se do devedor interessado em obter o benefício da recuperação judicial o atendimento a diversas condições; algumas formais, outras, materiais. É necessário, por exemplo, que ela torne acessíveis aos credores certas demonstrações contábeis, indispensáveis a adequada a verificação de sua situação econômica, financeira e patrimonial. De outro lado, ela deve ter um plano viável de recuperação da atividade em estado crítico.

Coerente opinião atribui importância à informação contábil, porquanto destaca devam ser "acessíveis aos credores certas demonstrações contábeis, indispensáveis a adequada a verificação de sua situação econômica, financeira e patrimonial".

Essa "verificação de sua situação econômica, financeira e patrimonial" não deve ficar restrita ao juízo de admissibilidade do Juiz, cuja formação por mais primorosa seja, não detém muitas vezes a expertise necessária ao enfrentamento de uma análise mais aprofundada em matéria contábil.

Ainda citando Coelho, 2010, fl. 171, assevera o autor:

> Em consequência, a lei determina que a petição inicial do pedido de recuperação judicial seja necessariamente instruída com certos elementos e documentos, sem os quais não se consideram atendidas as condições para obtenção do benefício. Trata-se de existencialista, cujo os itens não podem ser dispensados pelo juiz. Somente depois de se encontrar convenientemente instruída a petição inicial, poderá ele proferiu despacho autorizando o processo do pedido de recuperação judicial. É importante o acesso dos credores a essas demonstrações contábeis por que serve de suporte a análise financeira do devedor pelos profissionais da área que eventualmente os assessorem.

Milani, 2011, fls. 233, sobre demonstrações contábeis, destaca se tratar de inovação da lei:

> "Apontemos uma inovação: enquanto a lei anterior exigia a apresentação das demonstrações financeiras referente ao último exercício e das levantadas especialmente para instruir o pedido de concordata, a atual lei passou a exigir as demonstrações contábeis relativas aos três últimos exercícios sociais, além daquelas levantadas especialmente para instruir o pedido de recuperação".

E, rebate:

> "A inovação parece-nos salutar, já que para aferir a viabilidade do empreendimento do devedor não basta um exame mais recente da situação econômico-financeira, mas é imprescindível análise do histórico do devedor".

A complexa questão, sob ponto de vista contábil, demonstra por meio de análises qualificadas, circunstâncias diferentes

McCullers, Daniker, 1978, fls. 4, assim se manifestam:

> "A finalidade da contabilidade é fornecer informação quantitativa fundamentalmente de natureza financeira, como entrada para o processo de tomada de decisão. Afim de cumprir adequadamente esta função, a contabilidade envolve os processos de a. Identificação, B. Avaliação e C. Comunicação conveniente da informação econômica aqueles que precisam tomar decisões econômicas".

Ainda dos mesmos autores, fls. 17:

> "Demonstrações financeiras (contábeis) são produto final do processo de Contabilidade Financeira. Essas demonstrações servem como meios de

comunicação da informação, que já foi identificada e avaliada de acordo com critérios estabelecidos no Cap. 1. Para atingir esses objetivos as demonstrações devem ser preparadas de acordo com os princípios geralmente aceitos".

Iudicibus 1990, fls. 24, ao conceituar análise de balanços, que buscamos aqui fazer a interface com o enunciado de lei, assim se manifesta em relação ao objeto de análise, as demonstrações financeiras:

> "É provável, todavia, que dois analistas experimentados, conhecendo igualmente o bem o ramo de atividade da empresa, cheguei a conclusão bastante parecidas mas nunca idênticas sobre a situação atual da empresa, embora quase sempre a putaria um tendências diferentes, pelo menos em grau, para o empreendimento".

Toledo, Abraão, *in* Comentários a Lei de Recuperação de Empresas e Falência, 2010, fls. 205, abordam o tema, no que refere à necessária instrução da petição inicial.

> 2.5.2. Demonstrações contábeis e demais documentos exigidos pelo antigo. 51, II a IX, da LRE
>
> A LRE determina que a petição inicial seja instruída também com os documentos discriminados no art. 51, II a IX, permanecendo os especificados no art. 51", I, e "demais relatórios complementares" à disposição do juízo, do administrador judicial...

Seguem os mesmos autores:

> "Se a petição inicial preencher os requisitos do art.282 do CPC, e estiver instruída com os documentos essenciais especificados no art. 51 da LRE, conforme exposto nos comentários ao art. 51, itens 2.1 a 2.5, o juiz proferirá despacho de processamento da recuperação...".
>
> "... caso contrário, manda que o devedor "a emende ou a complete" (CPC, art. 284) ou a instrua com os documentos essenciais que faltarem... sob pena de indeferimento da petição inicial (CPC, art.284, parágrafo único) ...".

É pacífico o entendimento acerca da não dispensa de documentos contábeis para fins de instrução do pedido de recuperação judicial, podendo o juízo, valer-se da opinião do Ministério Público nesse sentido, conforma ainda prelecionam os autores aqui citados, fls. 207:

> "O representante do Ministério Público será ouvido desde o limiar do processo (art. 52, V)"
>
> "Após analisar os termos da petição inicial e os documentos que instruem, o qual, sem dúvida, auxiliar ao juiz na aprovação do despacho inicial...".

Com efeito, conforme já nos manifestamos anteriormente, a realização da perícia prévia como condição de deferimento do processamento do pedido de recuperação judicial da empresa ou grupo de empresas devedoras, bem poderia tornar-se prática em Vara de Falências e Recuperações Judiciais, como se tem observado no TJ-SP.

Em processo local, na Comarca desta capital, tivemos oportunidade de cumprir uma inspeção *in loco* para averiguar se a empresa que requeria sua recuperação estava em operação, se os números apresentados nos anexos aa inicial, eram efetivamente compatíveis com sua documentação interna.

A constatação foi fatal. Nada correspondia aos dados da realidade da empresa peticionante.

Justificou-se plenamente a realização daquela perícia, não somente pelas limitações técnicas do juiz para analisar a documentação submetida, ainda que a lei não tenha como requisito tal procedimento, como por todo o ardil usado pela empresa para obter um favor da lei, para o qual não detinha menor condição.

A propósito, valeu nesse caso a intuição do magistrado.

É inequívoco, ante esse caso concreto e outros, que há uma consequência do deferimento do processamento do pedido de recuperação judicial nessas condições, porquanto muitos processos de recuperação judicial constituem verdadeiros natimortos.

Uma consequência é o favorecimento indevido quanto à suspensão das execuções em curso contra o devedor, o que lhe corresponderia um prêmio ao calote institucionalizado.

Se o pressuposto da Lei 11.101/2005 é que a empresa em crise deve ser preservada, a teor do seu artigo 47, em face ao custo financeiro e social da sua quebra, mas, defendemos entendimento de que apenas àquelas que se permitam condições atender corretamente aos requisitos da lei e outros mínimos requisitos de viabilidade econômico-financeira merece seja atendido o pedido de recuperação judicial.

No sentido contrário, no Rio de Janeiro, o Tribunal de Justiça daquele estado, reformou decisão que designava realização de perícia. A fundamentação deu-se por falta de previsão legal para tal.

Não exigir requisito perícia prévia por não ter previsão legal representa obstáculo à finalidade da lei, tendo como consequência o engessamento da recuperação judicial por dificultar sua concessão, ou a banalização desse instituto, uma vez que poderá dar a quem não precisa, de fato, ou mesmo não deve merecer o benefício legal.

Nesse sentido, criar mecanismos de se aprofundar análise da situação do devedor, para não conceder aquele que não pode mais se beneficiar dos favores da lei é medida de extrema urgência.

Com acurada análise dos fundamentos das decisões que concedem pedidos de recuperações judiciais, nota-se que são restritas à apresentação meramente forma dos documentos contábeis, sem se ater na possibilidade de os mesmos serem até resultado de fraudes.

Se a Lei não autoriza ao juiz proceder à análise da viabilidade econômico-financeira do devedor, muito menos a viabilidade da recuperação judicial, quanto aos documentos encaminhados no pedido, deve o juiz acautelar-se.

Transferir aos credores a análise da viabilidade econômico-financeira do devedor, é retirar do juízo a formação do seu livre convencimento, uma vez que apesar de preenchidos os requisitos formais previstos na Lei, não caberia ao juiz afirmar que tais requisitos estão de acordo com normais legais especificas da legislação profissional contábil.

Se a lei prevê apresentar demonstrações contábeis relativas aos 3 (três) últimos exercícios sociais e também as que são levantadas especialmente para a data do pedido, é racional, razoável, que tais documentos sejam, no mínimo, validados por profissional competente para fazê-lo, o perito-contador.

Não há outro caminho a ser seguido, a disposição legal exige que a petição inicial de recuperação judicial será instruída com demonstrações contábeis relativas aos 3 (três) últimos exercícios sociais bem como outras levantadas especialmente para instruir o pedido.

O conjunto das demonstrações contábeis, compreende as seguintes peças: a) balanço patrimonial; b) demonstração de resultados acumulados; c) demonstração do resultado desde o último exercício social; d) relatório gerencial de fluxo de caixa e de sua projeção.

Nosso entendimento não comporta ampliação muito menos análise subjetiva no sentido de admissão, para o que não previu o legislador.

A exposição das causas concretas da situação patrimonial do devedor e das razões da crise econômico-financeira precisa ser confirmada através das demonstrações contábeis.

Observa-se na decisão determinado juízo em sede de APELAÇÃO CÍVEL. PEDIDO DE RECUPERAÇÃO JUDICIAL, foi negada pretensão ao favor legal, por absoluta falta de atendimento aos requisitos da lei, a seguir:

> ...
> A autora, conforme se verifica nos autos, deixou de satisfazer os requisitos legais atinentes aos incisos II e IV, do artigo supracitado, visto que, como alegou, está inativa desde 2005, não possuindo as demonstrações contábeis dos últimos três exercícios, assim como não possui qualquer empregado.
> De outra parte, cabe salientar que o espírito da lei de recuperação de empresas é viabilizar a superação da situação de crise por que passa o empreendedor "a fim de permitir a manutenção da fonte produtora", como refere o art. 47, da LREF. Nesse sentido, o principal objetivo da lei sequer seria atingido, pois no caso concreto a empresa está efetivamente inativa desde 2005 (grifamos).
> DO EXPOSTO, julgo extinto o processo com amparo no art. 267, I, c/c o art. 284, parágrafo único, ambos do CPC.
> (https://www.conjur.com.br/dl/acordao-tjrs-concede-recuperacao.pdf)

O juízo fulmina a pretensão da devedora.

Contrapondo-se à referida decisão, portanto, noutro sentido, no âmbito do Tribunal de Justiça do Estado do Rio Grande do Sul, tem-se a admissão de pedido de recuperação:

> APELAÇÃO CÍVEL SEXTA CÂMARA CÍVEL Nº 70039111679 COMARCA DE PORTO ALEGRE
> ACÓRDÃO
> Vistos, relatados e discutidos os autos. Acordam os Desembargadores integrantes da Sexta Câmara Cível do Tribunal de Justiça do Estado, à unanimidade, prover o apelo.
> A recorrente sustenta que a petição inicial foi instruída de forma a atender os requisitos formais dos artigos 48 e 51 da Lei 11.101/2005, tendo, inclusive, justificado a ausência das demonstrações contábeis, dos três últimos exercícios sociais, com sua crise econômica-financeira, causando temporária inatividade.
> Menciona que atendeu ao requisito de apresentação do balanço patrimonial, elaborado por contador, com base na atual situação de ativo/passivo da empresa, assim como relatório gerencial de fluxo de caixa e sua projeção.
> Defende o espírito da Lei de Recuperação Judicial, de preservação da empresa, apontando o artigo 47 do citado texto legal, discordando das razões que justificaram a extinção do feito.
> Requer o provimento do apelo para o fim de conceder a recuperação judicial postulada.
> ...

Cumpre destacar entendimento exarado a seguir:

> AAL
> Nº 70039111679 2010/CÍVEL 3 ESTADO DO RIO GRANDE DO SUL
> PODER JUDICIÁRIO TRIBUNAL DE JUSTIÇA
> VOTO S
> DES. ARTUR ARNILDO LUDWIG (RELATOR)
> Ocorre que a lei de recuperação judicial está focada no aspecto social, independente de algumas formalidades legais, nos termos do que preceitua o artigo 47 da novel legislação:
> Art. 47. A recuperação judicial tem por objetivo viabilizar a superação da situação de crise econômico-financeira do devedor, a fim de permitir a manutenção da fonte produtora, do emprego dos trabalhadores e dos interesses dos credores, promovendo, assim, a preservação da empresa, sua função social e o estímulo à atividade econômica.
> Com efeito, o princípio norteador da nova regulamentação é justamente a preservação da função social da empresa, suspendendo a exigibilidade dos títulos e, ao mesmo tempo, resguardando o interesse dos credores.
> Dessa forma, as exigências referentes à documentação e atividade regular da empresa devem ser sopesadas com prudência, considerando as peculiaridades de cada empresa, tratando, sobretudo, de questão jurisdicional a ser solvida.
> Nos termos da doutrina especializada, pode-se afirmar que:

"Esse o espírito que preside a nova Lei com a recuperação, judicial ou extrajudicial;

Assim, em que pese a circunstância apontada pelo magistrado, não se pode olvidar o objeto da Recuperação Judicial ou a sua importância para a sociedade.

A Lei nº 11.101/05 tendo sido eficaz ao prever mecanismos para a negociação conjunta dos débitos empresa em dificuldade, como forma de viabilizar a sua permanência no meio econômico – pois consiste em fonte de riquezas e de trabalho -, merecendo, portanto, interpretação sistemática, nos termos preconizados pelo STJ:

"CONFLITO POSITIVO DE COMPETÊNCIA.

RECUPERAÇÃO JUDICIAL. AÇÃO DE REINTEGRAÇÃO DE POSSE. SUSPENSÃO DAS AÇÕES E EXECUÇÕES. PRAZO DE CENTO E OITENTA DIAS. USO DAS ÁREAS OBJETO DA REINTEGRAÇÃO PARA O ÊXITO DO PLANO DE RECUPERAÇÃO.

1. O caput do art. 6º, da Lei 11.101/05 dispõe que "a decretação da falência ou deferimento do processamento da recuperação judicial suspende o curso da prescrição e de todas as ações e execuções em face do devedor, inclusive aquelas dos credores particulares do sócio solidário". Por seu turno, o § 4º desse dispositivo estabelece que essa suspensão "em hipótese nenhuma excederá o prazo improrrogável de 180 (cento e oitenta) dias contado do deferimento do processamento da recuperação".

2. Deve-se interpretar o art. 6º desse diploma legal de modo sistemático com seus demais preceitos, especialmente à luz do princípio da preservação da empresa, insculpido no artigo 47, que preconiza: "A recuperação judicial tem por objetivo viabilizar a superação da situação de crise econômico-financeira do devedor, a fim de permitir a manutenção da fonte produtora, do emprego dos trabalhadores e dos interesses dos credores, promovendo, assim, a preservação da empresa, sua função social e o estímulo à atividade econômica".

3. No caso, o destino do patrimônio da empresa-ré em processo de recuperação judicial não pode ser atingido por decisões prolatadas por juízo diverso daquele da Recuperação, sob pena de prejudicar o funcionamento do estabelecimento, comprometendo o sucesso de seu plano de recuperação, ainda que ultrapassado o prazo legal de suspensão constante do § 4º do art. 6º, da Lei nº 11.101/05, sob pena de violar o princípio da continuidade da empresa.

4. Precedentes: CC 90.075/SP, Rel. Min. Hélio Quaglia Barbosa, DJ de 04.08.08; CC 88661/SP, Rel. Min, Fernando Gonçalves, DJ 03.06.08.

5. Conflito positivo de competência conhecido para declarar o Juízo da 1ª Vara de Falências e Recuperações Judiciais do Foro Central de São Paulo competente para decidir acerca das medidas que venham a atingir o patrimônio ou negócios jurídicos da Viação Aérea São Paulo - VASP. (CC 79170/SP)"

Destarte, estou provendo o apelo para o fim de autorizar o processamento do pedido de recuperação judicial formulado pela apelante.

Nesses termos, estou provendo o apelo.

É o voto.

É inequívoca a supressão da exigência formal da lei, em relação aos demonstrativos contábeis.

A sustentação pelo d. desembargador é sem dúvidas interpretativa, diferente da razão de não admitir o processamento da RJ, pelo juízo de 1ª instância.

Curiosa interpretação levou em conta segundo a própria interessada, estar inativa, não possuindo as demonstrações contábeis dos últimos três exercícios.

Interessante dialética jurídica, valendo-se do mesmo sentido dado ao espírito da lei de recuperação de empresas que "é viabilizar a superação da situação de crise" por que passa o empreendedor "a fim de permitir a manutenção da fonte produtora", como refere o art. 47, da LREF, ora fulmina a pretensão da devedora, porque o "principal objetivo da lei sequer seria atingido...", ora justifica a irregularidade contábil.

A propósito de decisão judicial comentada anteriormente, entendemos que não cabe também qualquer interpretação extensiva para elaboração de balanço patrimonial por meio de fluxo de caixa.

Ainda quanto aos requisitos contábeis, na lei de recuperação judicial de empresas, no seu art. 51, exige para o deferimento do processamento da recuperação judicial:

> *Lei 11.101/2005*
> *Do Pedido e do Processamento da Recuperação Judicial*
> *Art. 51. A petição inicial de recuperação judicial será instruída com:*
> *III – a relação nominal completa dos credores, inclusive aqueles por obrigação de fazer ou de dar, com a indicação do endereço de cada um, a natureza, a classificação e o valor atualizado do crédito, discriminando sua origem, o regime dos respectivos vencimentos e a indicação dos registros contábeis de cada transação pendente;*

É bastante evidente que tal dispositivo deve ser analisado com apoio das informações contábeis preexistentes, veiculadas por meio das demonstrações e livros contábeis comerciais e fiscais.

Pensar contrário, é admitir que um conjunto de papéis avulsos pode substituir informações de natureza contábil, ainda que aqueles componham informações financeiras.

> *Lei 11.101/2005*
> *Do Pedido e do Processamento da Recuperação Judicial*
> *Art. 51. A petição inicial de recuperação judicial será instruída com:*
> *IV – a relação integral dos empregados, em que constem as respectivas funções, salários, indenizações e outras parcelas a que têm direito, com o correspondente mês de competência, e a discriminação dos valores pendentes de pagamento;*

É minimamente razoável que a discriminação dos valores pendentes de pagamento devidos aos empregados tenha sido contabilizada e registrada como Passivo Circulante, guardando ainda a relação com algum registro analítico da conta contábil salários a pagar, portanto, que reflita contabilmente o que a empresa devedora declara através do livro razão.

> *Lei 11.101/2005*
> *Do Pedido e do Processamento da Recuperação Judicial*
> *Art. 51. A petição inicial de recuperação judicial será instruída com:*
> *V – certidão de regularidade do devedor no Registro Público de Empresas, o ato constitutivo atualizado e as atas de nomeação dos atuais administradores;*

Tais exigências são possíveis junto às juntas comerciais, valendo-se a AJ, de simples diligência para conferir se tal certidão merece fé.

> *Lei 11.101/2005*
> *Do Pedido e do Processamento da Recuperação Judicial*
> *Art. 51. A petição inicial de recuperação judicial será instruída com:*
> *VI – a relação dos bens particulares dos sócios controladores e dos administradores do devedor;*

Essa exigência em nada se confunde com o patrimônio empresarial constante do Ativo Não Circulante, Imobilizado.

Trata-se tão somente dos bens dos sócios, os quais podem ser simplificados através da relação de bens inserta nas suas declarações anuais de ajuste para fins de imposto de renda, exceto, lógico, o que vier a ser revelado por sinais exteriores de riqueza, o chamado patrimônio oculto.

Levantamos tal hipótese, diante da seguinte decisão administrativa-fiscal, âmbito da RFB:

> MINISTÉRIO DA FAZENDASECRETARIA DA RECEITA FEDERAL
> 3ºTURMA
> ACÓRDÃO Nº 03-50577 de 02 de Fevereiro de 2013
> ASSUNTO: Imposto sobre a Renda de Pessoa Física - IRPF EMENTA: ACRÉSCIMO PATRIMONIAL A DESCOBERTO. Tributam-se, mensalmente, como rendimentos omitidos, os acréscimos patrimoniais a descoberto, caracterizados por sinais exteriores de riqueza, que evidenciam a renda auferida e não declarada, não justificados pelos rendimentos declarados, tributáveis, não tributáveis ou tributados exclusivamente na fonte.

Exercício: 01/01/2009 a 31/12/2009, 01/01/2010 a 31/12/2010

O ato intencional de omitir informações ou prestá-las em falseio no processo de falência, de recuperação judicial ou de recuperação extrajudicial para induzir a erro o juiz, o Ministério Público, credores, assembleia-geral de credores, Comitê ou o próprio administrador judicial, por devedor ou seus sócios deve ser objeto de extrema atenção dos administradores.

Ao administrador judicial não se impõe – por lei – investigar no curso da recuperação das empresas, mas, tem instrumentos e dispositivos legais que lhe permitem articular informações e, conforme o caso, noticiar ao juiz, eventual circunstância nesse sentido.

Continuando análise dos requisitos contábeis na lei de recuperação judicial, seguimos:

> VII – os extratos atualizados das contas bancárias do devedor e de suas eventuais aplicações financeiras de qualquer modalidade, inclusive em fundos de investimento ou em bolsas de valores, emitidos pelas respectivas instituições financeiras;

Os extratos atualizados das contas bancárias do devedor e de suas eventuais aplicações financeiras também serão bem ou melhor analisados pelo AJ, seja ele contador.

Novamente uma informação financeira, porém, de natureza contábil, consequentemente, deve-se atentar o AJ, para que essa mesma informação seja compatível com as informações contábeis que lhe disserem respeito, ou seja, esteja relacionada às demonstrações contábeis.

> VIII – certidões dos cartórios de protestos situados na comarca do domicílio ou sede do devedor e naquelas onde possui filial;

As certidões dos cartórios de protestos, podem confirmar os registros contábeis de títulos em atraso, dentro do Passivo. Eventualmente, o AJ poderá valer-se, por amostragem, de alguma certidão ou registro de protesto para verificar se consta ou não nas dívidas apontadas pela devedora em seu pedido judicial.

> IX – a relação, subscrita pelo devedor, de todas as ações judiciais em que este figure como parte, inclusive as de natureza trabalhista, com a estimativa dos respectivos valores demandados.

Esse dispositivo permite ao AJ verificar se constam ou não nas dívidas apontadas pela devedora em seu pedido judicial, os valores demonstrados no balancete contábil.

> § 1º Os documentos de escrituração contábil e demais relatórios auxiliares, na forma e no suporte previstos em lei, permanecerão à disposição do juízo, do administrador judicial e, mediante autorização judicial, de qualquer interessado.

Tudo que se comentou anteriormente, se confirma nesse parágrafo 1º, ou seja, a relevância da informação como supedâneo contábil, o qual se relaciona aos princípios da publicidade e transparência, em relação aos atos processuais.

Nesse sentido, ainda, a Faculdade de Direito da PUCSP, edita eletronicamente Enciclopédia Jurídica, da qual destacamos seguinte excerto:

> Via de regra, poder-se-ia também analisar a composição das demonstrações financeiras, sob o enfoque da função social das publicações legais e os princípios jurídicos que as instituem, conforme os preceitos impostos pela Constituição Federal, pela Lei que dispõe sobre as Sociedades por Ações e pelo Código Civil de 2002.
> As publicações se prestam para dar garantia a terceiros e para impedir fraudes nos negócios empresarias – motivo pelo qual a lei estabeleceu o regime da publicidade.
> (https://enciclopediajuridica.pucsp.br/verbete/230/edicao-1/demonstracoes-financeiras-)

Nesse sentido, Fabio Ulhôa Coelho, *in* comentários a Lei de falências e recuperação de empresas, leciona quanto às demonstrações contábeis serem indispensáveis à adequada verificação da situação econômica, financeira e patrimonial do devedor.

> 123. Requisitos da petição inicial de recuperação judicial
>
> Além dos requisitos para a legitimação ativa parênteses art. 48 parênteses, exigisse do devedor interessado em obter o benefício da recuperação judicial o atendimento a diversas condições: algumas formais, outras, materiais. É necessário, por exemplo, que ela torne acessíveis aos credores certas demonstrações contábeis, indispensáveis a adequada a verificação de sua situação econômica, financeira e patrimonial. De outro lado ela deve ter um plano viável de recuperação da atividade com estado crítico.
>
> Em consequência, a lei determina que a petição inicial do pedido de recuperação judicial seja necessariamente instruída com certos elementos e documentos, sem os quais não se consideram atendidas as condições para obtenção do benefício. Trata-se de extensa lista, cujo os itens não podem ser dispensados pelo juiz. somente depois de se encontrar convenientemente instruída a petição inicial, poderá ele proferiu despacho autorizando o processamento do pedido de recuperação judicial. FLS.171
>
> b) Demonstrações contábeis e relatório. Exige a lei que o devedor instrua sua petição inicial com os seguintes instrumentos: balanço patrimonial, demonstrações de resultados acumulados, demonstração de resultado desde o último exercício relatório gerencial de fluxo de caixa e de sua projeção.
>
> Essas Demonstrações contábeis devem ser feitas com observância dos princípios de contabilidade... e como esclarece a lei, em atendimento à legislação societária.
>
> É importante o acesso dos credores a essas demonstrações contábeis porque servem de suporte à análise financeira do devedor... fls. 173

Reiteremos Milani, 2011, fls. 234, que destacamos anteriormente, ao adotar pensamento equivalente no que se refere à importância das demonstrações contábeis.

> "... a atual lei passou a exigir as demonstrações contábeis relativas aos três últimos exercícios sociais..."

Continua o referido autor, sustentando o caráter de imprescindibilidade das informações contábeis:

> "... não basta um exame mais recente da situação econômica traço financeira, mas é imprescindível análise do histórico do devedor...".

Observe-se que não são dispensadas, mas, facultada a apresentação simplificada, para ME e EPP de livros e escrituração contábil, previstos no art. 51, da lei de recuperação e falências.

> *Lei 11.101/2005*
> *Art. 51. A petição inicial de recuperação judicial será instruída com:*
> *§ 2º Com relação à exigência prevista no inciso II do caput deste artigo, as microempresas e empresas de pequeno porte poderão apresentar livros e escrituração contábil simplificados nos termos da legislação específica.*
> *§ 3º O juiz poderá determinar o depósito em cartório dos documentos a que se referem os §§ 1º e 2º deste artigo ou de cópia destes.*

Sobre estes parágrafos do art. 51, Milani, 2011, fls. 240, destaca posicionamento de Manuel Justino Bezerra Filho, que pondera:

> "O § 1º (...) embora não reproduza os termos expressos na lei anterior, ainda assim obriga que o devedor entregue ao juízo os livros, que deverão ser encerrados pelo escrivão, sobre rubrica do juiz. ...".
>
> "Assim, o devedor deverá providenciar abertura de novos livros para os lançamentos normas e em caso de fiscalização, informar a, comprovando que os livros anteriores estão à disposição do juízo, não podendo, por óbvio, vir a sofrer qualquer tipo de autuação pelo fato de ter iniciado novos livros antes de que os anteriores estivessem terminados".

Também comenta, fls. 240, manifestação de Coelho, que opina:

> "Normalmente, o juiz não deve determinar o depósito que significa unicamente transtornos para os serviços de cartório, sem real proveito para realização dos objetivos da recuperação judicial. A ordem de depósito só deve ser emitida se houver riscos de adulteração ou perda da escrituração mercantil (...).
>
> "Se houver risco de devassa de tais informações, o juiz deve indeferir o requerimento de interessado na consulta à escrituração mercantil".

O cartório em questão, será a secretaria da vara cível na qual tramitar ação de recuperação judicial, cabendo ao AJ, após depositados os documentos mencionados, solicitar, por certidão, quais documentos foram disponibilizados em juízo.

Tal medida evitará eventual suscitação de entrega ou não de determinado documento, que pode gerar o indeferimento do pedido com base no descumprimento do art. 51, da LFRE.

Há um natural embate entre advogados e o *parquet*, sobre se foram ou não atendidos os requisitos da lei, o que pode ser facilmente evitado se houver a certificação, pelo AJ, de todos os documentos que instruíram a inicial.

> "Muito embora as recuperando das tendas suficientes os documentos já juntados, com base no espírito do já citado princípio processual da cooperação (assim preceituado no CPC/15: "todos os sujeitos do processo devem cooperar entre si para que se obtenha, em tempo razoável, decisão de mérito justa e efetiva"), atendendo aos anseios dos eminentes promotores do MP/PA, que atuam nesta causa, as Recuperandas vem juntar e esclarecer o seguinte:
>
> a) ...
> b) ...
> c) Demonstrações Contábeis: foram apresentados os documentos de todas as empresas do grupo econômico;

O fato ocorreu em processo que atuamos, na condição e assessoria ao grupo econômico.

No art. 104, alíneas "a" e "c", ao impor ao falido declarar as causas determinantes da sua falência, quando requerida pelos credores, e, ao mesmo tempo, declinar o nome do contador encarregado da escrituração dos livros obrigatórios, permite inferir que entre tais causas, poderão ser perfeitamente detectáveis através de exames da escrita contábil e suas demonstrações.

> *Lei 11.101/2005*
> *Art. 104. A decretação da falência impõe ao falido os seguintes deveres:*
> *I – assinar nos autos, desde que intimado da decisão, termo de comparecimento, com a indicação do nome, nacionalidade, estado civil, endereço completo do domicílio, devendo ainda declarar, para constar do dito termo:*
> *a) as causas determinantes da sua falência, quando requerida pelos credores;*
> *c) o nome do contador encarregado da escrituração dos livros obrigatórios;*

Araújo, fls. 233, a respeito dessa gravidade profissional, assim se expressa:

> "O nome do contador responsável pela escrituração, do empresário individual, será declarado pelo falido, e serve para o caso de crime falimentar contábil quando o contador fez lançamentos indevidos ou fraudulentos. Tanto o falido quanto o contador responsável responderão criminalmente na forma dos artigos 168 e 178 da lei."

Merece especial anotação tal aspecto contábil, por Toledo e Abrão, fls. 383, que assim se definem:

> "De substancial importância a disposição que prioriza enfrentar o desafio sobre a matéria dos livros obrigatórios e sua contabilidade, na ótica da pessoa responsável, carreando inclusive ilicitude, passível de crime fale menta ar, se for constatada irregularidade. Inclinando-se portal necessidade, ditada pelo legislador, tirar o falido o nome do contador responsável pela respectiva escrituração do livro obrigatório, fornecendo os dados, o tempo de trabalho na empresa, seu interesse elementos complementares que auxiliem na dicção do exame dessa Realidade torno do livro de sua escrituração."

Igual forma, por meio das demonstrações contábeis, na forma da alínea "e", do mesmo art. 104, conforme a seguir destacados, inquina-se entendimento no sentido de que poderão ser verificados, embora componham registros contábeis, os bens imóveis e os móveis que eventualmente não se encontram no estabelecimento devedor.

> *Lei 11.101/2005*
> *Art. 104. A decretação da falência impõe ao falido os seguintes deveres:*
> *I – assinar nos autos, desde que intimado da decisão, termo de comparecimento, com a indicação do nome, nacionalidade, estado civil, endereço completo do domicílio, devendo ainda declarar, para constar do dito termo:*
> *e) seus bens imóveis e os móveis que não se encontram no estabelecimento;*

Sobre o assunto, *in* comentários a Lei de Falências e de recuperação de empresas, 2010, fls. 337, assim leciona Coelho:

> "O administrador judicial deve arrecadar todos os bens de propriedade do falido, mesmo que se acha na posse de terceiros, a título de locação ou comodato, por exemplo. Arrecadação deve abranger todos os beijos na posse do falido. Destes serão excluídos aqueles que, embora possuídos por ele, não lhe pertence mediante pedido de restituição."

Na sequência desses dispositivos, do mesmo art. 104, derradeira exigência deverá conter a declaração do falido:

> *Lei 11.101/2005*
> *Art. 104. A decretação da falência impõe ao falido os seguintes deveres:*
> *f) se faz parte de outras sociedades, exibindo respectivo contrato;*
> *g) suas contas bancárias, aplicações, títulos em cobrança e processos em andamento em que for autor ou réu;*

Novamente, a Contabilidade exerce destacada importância como instrumento de cotejo entre o que se apresenta de maneira avulsa e o que tenha constado em seus registros.

O fato de a lei exigir documentos aparentemente "soltos", não significa que não devam estar ou guardar relação com os assentamentos contábeis, ao contrário, se constituem tempestivo e regular objetos da escrituração contábil, poderão atestar em favor dos falidos, suas idoneidades, relacionadas as razões arguidas para as causas da falência, afastando-se em tese caracterização de crimes falimentares, o que será objeto de persecução penal pelo Ministério Público, no exercício da função fiscalizadora que exerce sua função institucional.

Seguindo-se aos comentários aos requisitos contábeis, em sede de falência, destacamos em referência aos documentos exigidos na lei:

> *Lei 11.101/2005*
> *Art. 104. A decretação da falência impõe ao falido os seguintes deveres:*
> *II – depositar em cartório, no ato de assinatura do termo de comparecimento, os seus livros obrigatórios, a fim de serem entregues ao administrador judicial, depois de encerrados por termos assinados pelo juiz;*

Depositar em cartório os seus livros obrigatórios, implica na entrega de livros de escrituração comercial, seja a forma que for, mas provavelmente, nos dias atuais, serão livros eletrônicos inseridos no Sistema público de escriturações digitais, entre essas a contábil, a fiscal, incluindo-se aí as escriturações ao PIS/COFINS no âmbito federal e ao ICMS, no âmbito estadual, sem esquecer que os municípios valem-se igualmente de escriturações no âmbito do ISSQN.

As demonstrações contábeis são retratos sistêmicos, porém, estáticos dessas escriturações individualizadas em relação às obrigações acessórias que lhes são veiculadas e lhe conferem idoneidade a essas demonstrações fornecidas pelas empresas em recuperação judicial ou mesmo já sentenciadas falidas.

No caso de falências, pode-se, por meio das diversas obrigações acessórias entregues, como exemplo, EFD, ECD, ECF, DCTF, DIRF, EFD-Reinf, e-Social, de outro lado, as declarações prestadas pelas instituições financeiras, imobiliárias e cartorárias, como a e-Financeira, DIMOB, DOI, etc., entre outras, confronta-las em exame mais acurado ainda com as demonstrações contábeis preparadas no âmbito de uma recuperação ou falência judicial.

Como exemplo, o administrador judicial poderá efetuar o cruzamento da contabilidade através do Livro Diário de uma empresa, que abrange todos os lançamentos individualizados, como o teor dessas mesmas declarações próprias ou originavas de terceiros.

Quase a mesma exigência do art. 51.

> *Lei 11.101/2005*
> *Art. 104. A decretação da falência impõe ao falido os seguintes deveres:*
> *V – entregar, sem demora, todos os bens, livros, papéis e documentos ao administrador judicial, indicando-lhe, para serem arrecadados, os bens que porventura tenha em poder de terceiros;*

As situações que temos acompanhado no âmbito das falências, infelizmente nos obrigam dizer que as empresas não cumprem esse dispositivo.

Ainda com base nas mesmas experiências, sobretudo quando já entramos no "barco em movimento", pouco ou nada há que se fazer no sentido de ter o acesso aos ditos bens, livros, papéis e documentos da empresa.

É diferente quando se acompanha a empresa em recuperação judicial que evolui em falência, no caso de vir a ser convolada. Nesta hipótese, ainda nas nossas atividades como AJ, tudo se torna mais fácil.

Há caracterizado um crime falimentar diante da falta de apresentação dos livros obrigatórios, caracterizando-se indício de crime se no momento da falência, o empresário falido não entregar tais livros ao Juízo.

O dispositivo legal é imperativo e a apresentação de tais documentos de escrituração é obrigação que se impõe aos sócios da falida.

Sobre o assunto, importa esclarecer a publicação em DOU, de ato declaratório da Receita federal do Brasil, quanto à interpretação a ser dada ao parágrafo único do art. 195 do Código Tributário Nacional, ao entendimento de que o referido dispositivo prevê que os livros obrigatórios de escrituração comercial e fiscal e os comprovantes dos lançamentos neles efetuados serão conservados até que ocorra a prescrição dos créditos tributários decorrentes das operações a que se refiram.

De acordo, ainda, com o ato da Receita, esses documentos poderão ser guardados em meio eletrônico, óptico ou equivalente, sendo, ainda, que a versão digital e sua reprodução terão o mesmo valor que o respectivo documento original para fins de prova, nique entendemos seja extensivo à prova em juízo:

Quase a mesma exigência do art. 51.

> *Lei 11.101/2005*
> *Art. 104. A decretação da falência impõe ao falido os seguintes deveres:*
> *VI – prestar as informações reclamadas pelo juiz, administrador judicial, credor ou Ministério Público sobre circunstâncias e fatos que interessem à falência;*

Essa será uma oportunidade interessante para que o administrador judicial, atendendo aos interesses do juízo em relação a saber qual a causa ou causas que deram ensejo a falência, buscar junto aos devedores as motivações desse evento econômico.

No mesmo sentido, é importante que o administrador judicial possa documentar as informações prestadas pelos devedores, ora falidos, mediante todas as informações contábeis possíveis.

A comprovação através da escrituração contábil, constitui prova ainda equívoca e absolutamente robusta do que afirmam os sócios da massa falida., fazendo-se prova em seu desfavor os fatos que trouxerem a luz do processo.

No que se refere à escrituração contábil e sua responsabilidade técnica, os artigos 1.179 a 1.195 do código civil e na Lei das Sociedades por Ações, regulamentam tais questões, impondo-se ao empresário e ao contabilista suas respectivas responsabilidades legais e técnica pela escrituração, conforme o caso.

Mencionamos anteriormente que a Escrituração Contábil Digital (ECD) e a Escrituração Fiscal Digital – EFD serão usadas como provas em demandas administrativas e judiciais, nos exatos termos do que dispõe o Código Civil quanto à força probante dos livros e demonstrações contábeis, qualquer que seja a sua natureza, mecanizada, impressa, digitalizada ou armazenada em meio magnético ou virtual.

Por estas razões, convém ao AJ conduzir de forma bem segura e profissional – assessorando-se de profissional de sua confiança – quando não tiver formação contábil, em relação à cobrança da apresentação dessas informações contábeis, pois tais livros e suas respectivas escriturações, quando preenchidos os seus requisitos legais intrínsecos e extrínsecos, farão prova em desfavor de quem as produziu.

Ainda em relação ao art. 104, impõe-se ao falido os seguintes deveres decorrentes da decretação da falência:

> *Lei 11.101/2005*
> *Art. 104. A decretação da falência impõe ao falido os seguintes deveres:*
> *VII – auxiliar o administrador judicial com zelo e presteza;*

Não se deve esperar por isso.

O que falar de um pedido de falência distribuído em 08/10/1998, fundado em dívida contraída em 14/01/1998, e somente retomada sua movimentação, inclusive com a localização de bens e suas arrecadações apenas em 28/03/2017?

Em caso concreto que atuamos, apagando incêndios, fomos nomeados em 29/06/2016, em substituição à administração judicial anterior, observadas as datas aí comentadas, tendo o juízo se manifestado quanto à falta de providências até então havidas, nos seguintes termos:

> "Não mais se tolera a atuação do administrador judicial como mero chancelador de informações trazidas aos autos pela empresa em recuperação ou falida, que terminam por transformar a recuperação judicial ou a falência em instrumento propício para que as obrigações pactuadas com credores não sejam honradas. Ao contrário, cumpre ao administrador judicial efetivamente fiscalizar e acompanhar toda a atividade da empresa, visando trazer ao juízo a sua verdadeira situação econômica, financeira e patrimonial, a tal ponto de se transformar em verdadeira garantia aos credores quanto as reais pretensões da empresa em recuperação ou, no caso da falência, que a arrecadação de bens e o respectivo pagamento aconteçam de forma efetiva, eficiente e isonômica, conforme as classes e ordem de preferência dos credores, portanto, imprescindível uma atuação de impecável transparência. É o que se extrai do art. 22 da LRJF.

> Minhas palavras não se consubstanciam em críticas específicas ou concretas, mas meramente argumentativas no sentido de demonstrar a importância da função em análise.
> O art. 31 da LRJF estabelece que o administrador judicial poderá ser destituído quando se verificar a desobediência dos preceitos da lei, descumprimento de deveres, omissão, negligência ou prática de ato lesivo às atividades do devedor ou a de terceiros. No caso em apreço, antevejo que a Administradora Judicial não cumpriu satisfatoriamente as obrigações inerentes à função para a qual foi nomeada. Ao invés de cumprir as atribuições relacionadas no art. 22 da LRJF, a Administradora Judicial atravessou nos autos enormes petições, confusas e inteligíveis, destituídas de conteúdo e recheadas de colagens de atos processuais anteriores para, ao final, não apresentar qualquer conclusão lógica ou significativa".

Esse processo não era impulsionado por razões que não nos compete tratarmos.

Conhecermos ainda que *en passant* as circunstâncias ensejadoras da substituição do administrador judicial, sobretudo no que refere à motivação do magistrado em face à desidiosa conduta do seu auxiliar direto, como se depara no seguinte excerto da decisão, pode servir de prumo aos administradores, sobretudo administradores, contadores e economistas, quando menos afeitos ao estudo das leis:

> "Ora, compete ao Administrador Judicial a representação judicial da Massa Falida e praticar atos de administração do seu patrimônio, e, no entanto, nada foi praticado com a finalidade de se regularizar ou formalizar a utilização que tem sido dada aos imóveis. O exemplo acima apenas comprova que, ao invés de apresentar enfadonhos e desnecessários relatórios sobre a sequência de atos processuais praticados nesta falência (fls. 583/620 - Vol. 3, 622/643 - Vol. 4, 764/768 - Vol. 4, etc.), a Administradora Judicial absteve-se de praticar atos importantíssimos para o desenvolvimento do processo de falência, tais como as relacionadas no art. 22, I e III, da LRJF. Note-se que neste processo de falência não houve sequer a formação de uma lista de credores que viesse a se tornar pública, e não houve a expedição de Auto de Arrecadação com Laudo de Avaliação dos bens arrecadados, na forma do art. 110 da LRJF".

Os processos judiciais de falência, pouco permitem que se chegue à conclusão por meio de livros e outros documentos e informações contábeis, sobre quem foi responsável pela bancarrota, menos pela natureza dessas informações – que são valiosas – e mais por simplesmente não existirem e nem estarem disponíveis tempestivamente, na forma da lei.

Anos se passam, nos termos e prazos definidos no art. 158, II e III, desta lei até que esteja caracterizada a STF Súmula nº 147, a saber:

> - A prescrição de crime falimentar começa a correr da data em que deveria estar encerrada a falência ou do trânsito em julgado da sentença que a encerrar ou que julgar cumprida a concordata.

Eis a razão pela qual o AJ tem o dever de diligenciar ao máximo para não depender ou depender minimamente de auxílio do administrador judicial.

> *Lei 11.101/2005*
> *Art. 104. A decretação da falência impõe ao falido os seguintes deveres:*
> *VIII – examinar as habilitações de crédito apresentadas;*

Este regramento deve seguir o padrão devido em sede de recuperação judicial, constante do art. 9º, combinado com art. 105, II, observando-se ainda a classificação dos créditos na forma do art. 83, com a exceção àqueles previstos no art. 84.

A existência da escrituração contábil, devidamente formalizada muito contribuirá para que sejam admitidos os pedidos de habilitação após anos decorridos entre a distribuição e a efetividade de formação de um quadro de credores.

> *Lei 11.101/2005*
> *Art. 104. A decretação da falência impõe ao falido os seguintes deveres:*
> *IX – assistir ao levantamento, à verificação do balanço e ao exame dos livros;*

O falido, por seus sócios, assistirá ao exame dos livros recepcionados em cartório ou diretamente pelo AJ, quando este assim o fizer.

O Código de Processo Civil, ao disciplinar a prova pericial, conforme o Art. 464, a descreve como técnica possível para essa forma de constituição de prova: A prova pericial consiste em exame, vistoria ou avaliação.

Alguns casos, observa-se que os devedores falidos depositam diretamente as informações que se lhe determina o presente dispositivo, diretamente no Juízo, sem as devidas cautelas, em que pese as sentenças de decretação de falência dizerem respeito à arrecadação destes pelo próprio AJ.

> *Lei 11.101/2005*
> *Art. 104. A decretação da falência impõe ao falido os seguintes deveres:*
> *XI – apresentar, no prazo fixado pelo juiz, a relação de seus credores;*

A relação de credores aqui mencionada poderá ser a mesma da fase de recuperação judicial, quando esta tiver sido convolada em falência saem que tenham sidos satisfeitos os créditos àquela instância, ou, poderá ser formada a partir do momento de decretação de uma falência, quando não estiver vinculada à recuperação, a exemplo da determinação abaixo.

> Tendo o Sr. Administrador Judicial apresentado a relação de credores às fls. 1134, determino a publicação do edital indicado no art. 99, par. único, combinado com art. 7º, par. 1, ambos da Lei 11.101/05.

Para fins de expedição do Edital, o Administrador Judicial dever apresentar a relação de credores com a classificação dos créditos na forma do art. 83 e seguintes da Lei 11.101/05, levando em consideração todas as penhoras registradas no rosto destes autos.

Lei 11.101/2005
Art. 104. A decretação da falência impõe ao falido os seguintes deveres:
XII – examinar e dar parecer sobre as contas do administrador judicial.

Aqui, reside uma questão curiosa a respeito de quem se torna falido, pois terá que cumprir, entre outros deveres que a decretação da falência impõe, o de examinar e dar parecer sobre as contas do administrador judicial.

A curiosidade se refere ao fato de, muitas vezes, a falência se tratar de escancarada fraude, o que justificaria inusitada medida a quem dela não fizesse por merecer.

O contrário, se tratando de falência decorrente de fatores econômicos cujo falido não pudesse enfrentar e dar outra alternativa de alavancagem, aí, entendemos que toda e qualquer apreciação sobre as contas do administrador judicial será sempre oportuna.

É importante destacar a responsabilidade quanto à emissão de parecer sobre contas, em qualquer circunstância, quem o faz assumirá responsabilidades legais sobre aquilo que está validando, ou não. Daí, a cautela de proceder em qualquer análise dessa natureza com o apoio do contador, a quem compete se manifestar sobre tais assuntos, conforme disciplina o Decreto-lei nº 9.295/46, a saber:

> Art. 25. São considerados trabalhos técnicos de contabilidade:
> c) perícias judiciais ou extra-judiciais, revisão de balanços e de contas em geral...

Avançando nos comentários à lei, chegamos à falência requerida pelo próprio devedor, a teor do dispositivo transcrito:

Lei 11.101/2005
Art. 105. O devedor em crise econômico-financeira que julgue não atender aos requisitos para pleitear sua recuperação judicial deverá requerer ao juízo sua falência, expondo as razões da impossibilidade de prosseguimento da atividade empresarial, acompanhadas dos seguintes documentos:
I – demonstrações contábeis referentes aos 3 (três) últimos exercícios sociais e as levantadas especialmente para instruir o pedido, confeccionadas com estrita observância da legislação societária aplicável e compostas obrigatoriamente de:
a) balanço patrimonial;
b) demonstração de resultados acumulados;
c) demonstração do resultado desde o último exercício social;
d) relatório do fluxo de caixa;
II – relação nominal dos credores, indicando endereço, importância, natureza e classificação dos respectivos créditos;

III – relação dos bens e direitos que compõem o ativo, com a respectiva estimativa de valor e documentos comprobatórios de propriedade;
IV – prova da condição de empresário, contrato social ou estatuto em vigor ou, se não houver, a indicação de todos os sócios, seus endereços e a relação de seus bens pessoais;
V – os livros obrigatórios e documentos contábeis que lhe forem exigidos por lei;
VI – relação de seus administradores nos últimos 5 (cinco) anos, com os respectivos endereços, suas funções e participação societária.

No conjunto destes dispositivos legais, desde o *caput* aos incisos e alíneas, todos fazem menção direta e indireta à matéria contábil, seja como fonte principal, seja como base de opinião fundada na própria informação contábil.

Tivemos oportunidade de ser nomeado em processos de autofalência, mas, diante da impossibilidade previsível de poder acessar essas informações e do ordenamento do juiz, que destaco a seguir:

> Cuida-se de Pedido de Autofalência (fls. 107/109) proposta pela empresa ___ Comércio de Móveis Ltda - ME, que tem por administradores *beltrano* e *fulano* (fl. 12) sob o fundamento de que se encontra em estado de insolvência, que a impede de desenvolver suas atividades econômicas.
>
> Ante o exposto, DECRETO A FALÊNCIA de ___ COMÉRCIO DE MÓVEIS LTDA - ME, qualificada nos autos, com supedâneo no art. 99, da lei em referência, declarando aberta a mesma na data de hoje, às 14h, e, via de consequência, DETERMINO o que se segue:
>
> 1) Atendendo ao disposto no art. 99, IX, da LRF, NOMEIO para o cargo de administrador judicial o Sr. CLAUDIO HUMBERTO DUARTE BARBOSA
>
> ...
>
> 4) Fixo o prazo de 15 (quinze) dias para habilitação dos credores (art. 7º e art. 99, IV, ambos da lei de quebra) devendo o administrador judicial apresentar a lista de credores para publicação do edital a que alude o § 2º (§ 2o O administrador judicial, com base nas informações e documentos colhidos na forma do caput e do § 1o deste artigo, fará publicar edital contendo a relação de credores no prazo de 45 (quarenta e cinco) dias, contado do fim do prazo do § 1o deste artigo, devendo indicar o local, o horário e o prazo comum em que as pessoas indicadas no art. 8o desta Lei terão acesso aos documentos que fundamentaram a elaboração dessa relação'.); (grifo nosso)

Como fazer para colher informações e documentos de empresa que se autodeclara falida? Um verdadeiro desafio que passa por meticuloso trabalho de verificação fiscal de outras informações, antes daquelas.

Após alguns *clics* na rede mundial, além de acesso às imagens de satélites do endereço colhido nos cadastros fiscais, fomos ao local para constatar e certificarmo-nos de que a empresa instalada no local, não era mais a falida, mas, uma outra empresa, totalmente diversa e dissociada da que se buscava.

Peticionamos, em razão das inequívocas constatações fáticas e virtuais, nos seguintes termos:

> *EXMA SRA JUIZA DE DIREITO, TITULAR DA __ª VARA CIVEL DA COMARCA DE ___, PARÁ.*
> *REF.:PROCESSO n. 99999-99.2008.814.0301*
> *CLÁUDIO HUMBERTO DUARTE BARBOSA, contador, inscrito no CRC/PA sob o n. 6.366/O-5, já identificado nos autos do processo em epígrafe para o qual foi honradamente nomeado Administrador Judicial da Massa Falida na forma da Lei 11.105/2005, vem com acatamento e elevado respeito, em cumprimento ao despacho de Vossa Excelência, apresentar esclarecimentos a seguir:*
> *Informa à Vossa Excelência que não conseguiu, por seus próprios meios localizar a empresa falida, nem qualquer de seus sócios.*
> *Informa, ainda, em consequência, QUE deixa de proceder à arrecadação dos bens, documentos e livros, bem como a avaliação dos bens da falida, na forma dos arts. 108, 109 e 110, 139 e 140 da Lei de Falências.*
> *Diante destes fatos e, em face de a falida se encontrar em situação irregular perante os órgãos fazendários como Receita Federal do Brasil - RFB, Procuradoria da Fazenda Nacional – PGFN, Secretaria de Estado da Fazenda – SEFA/PA e Caixa Econômica Federal-CEF (em relação ao FGTS), é que se pressupõe a sua baixa irregular.*
> *Para fundamentar esta última informação, anexa ao presente, os seguintes documentos:*
> *- informação constante de pesquisa de certidão perante Caixa Econômica Federal-CEF (em relação ao FGTS);*
> *- informação constante de pesquisa de certidão perante Receita Federal do Brasil - RFB e Procuradoria da Fazenda Nacional – PGFN;*
> *- Secretaria de Estado da Fazenda – SEFA/PA.*
> *Pelo exposto...*

Chamamos a atenção aqui, para o teor de muitas decisões judiciais acerca de encerramento irregular de empresas:

> PROCESSUAL CIVIL E TRIBUTÁRIO. AGRAVO DE INSTRUMENTO. EXECUÇÃO FISCAL. REDIRECIONAMENTO CONTRA SÓCIO GERENTE. DISSOLUÇÃO IRREGULAR PRESUMIDA. SÚMULA 435 DO STJ. APLICABILIDADE. AGRAVO DE INSTRUMENTO PROVIDO. 1. "Presume-se dissolvida irregularmente a empresa que deixar de funcionar no seu domicílio fiscal, sem comunicação aos órgãos competentes, legitimando o redirecionamento da execução fiscal para o sócio-gerente" (Súmula n. 435 do STJ). 2. "É obrigação dos gestores das empresas manter atualizados os respectivos cadastros, incluindo os atos relativos à mudança de endereço dos estabelecimentos e, especialmente, referentes à dissolução da sociedade. A regularidade desses registros é exigida para que se demonstre que a sociedade dissolveu-se de forma regular, em obediência aos ritos e formalidades previstas nos arts. 1.033 à 1.038 e arts. 1.102 a 1.112, todos do Código Civil de 2002 - onde é prevista a liquidação da sociedade com o pagamento dos

credores em sua ordem de preferência - ou na forma da Lei n. 11.101?2005, no caso de falência. A desobediência a tais ritos caracteriza infração à lei" (REsp 1.371.128/RS, Rel. Ministro Mauro Campbell Marques, STJ, Primeira Seção, DJe 17/09/2014). 3. Em se tratando de fortes indícios de dissolução irregular da pessoa jurídica, conforme a realidade dos autos, legítimo o redirecionamento da execução fiscal para o sócio gerente, ainda que seu nome não conste na CDA. Precedentes. 4. Agravo de instrumento provido.

Incumbe-se ao AJ diligenciar exaustivamente no sentido de obter evidências indicadoras dessa realidade, nem tanto incomum.

> *Lei 11.101/2005*
> *Art. 106. Não estando o pedido regularmente instruído, o juiz determinará que seja emendado ou indeferido a teor da seguinte decisão:*

Este dispositivo confere importância à informação contábil, que balizará a instrução de pedido de falência, conforme nos manifestamos anteriormente, baseada nos dispositivos que lhe antecedem, posto que é imprescindível a correta coleção dos documentos dessa natureza.

No art. 110, seção VII, do capítulo V - DA FALÊNCIA – da Lei 11.101/05, dispõe sobre avaliação, que tivemos oportunidade de comentar quando tratamos da recuperação judicial, a respeito da eventual incompetência do Administrador Judicial:

> *Lei 11.101/2005*
> *Art. 110. O auto de arrecadação, composto pelo inventário e pelo respectivo laudo de avaliação dos bens, será assinado pelo administrador judicial, pelo falido ou seus representantes e por outras pessoas que auxiliarem ou presenciarem o ato.*
> *§ 1º Não sendo possível a avaliação dos bens no ato da arrecadação, o administrador judicial requererá ao juiz a concessão de prazo para apresentação do laudo de avaliação, que não poderá exceder 30 (trinta) dias, contados da apresentação do auto de arrecadação.*
> *§ 2º Serão referidos no inventário:*
> *I – os livros obrigatórios e os auxiliares ou facultativos do devedor, designando-se o estado em que se acham, número e denominação de cada um, páginas escrituradas, data do início da escrituração e do último lançamento, e se os livros obrigatórios estão revestidos das formalidades legais;*

Coelho, 2010, leciona:

> "Se o administrador judicial não se sentir em condições de proceder a avaliação dos bens arrecadados, tendo em vista suas especificidades, ele deve requerer autorização do juiz para contratar um profissional avaliador."

Mais um conjunto de dispositivos que se vincula ao critério contábil, conforme se constata no inciso I, do § 2º, acima.

Será fundamental que o AJ se acautele quanto ao que está recebendo, inclusive, no que refere à existência legal dos livros obrigatórios sob sua guarda, se eventualmente entregues, a fim de não vir a receber simples folhas encadernadas sem qualquer tipo de registro nos competentes órgãos.

As disposições acima, são interrelacionadas ao disposto no Código Civil Brasileiro (Lei 10.406/2002), a saber:

> Lei 10.406/2002
> Art. 1.179. O empresário e a sociedade empresária são obrigados a seguir um sistema de contabilidade, mecanizado ou não, com base na escrituração uniforme de seus livros, em correspondência com a documentação respectiva, e a levantar anualmente o balanço patrimonial e o de resultado econômico.

Por certo que hoje tratamos exclusivamente de escrituração digital, através do Sistema Público de Escrituração Digital-SPED, contudo, às empresas com a exceção daquelas que trata o atr. 970, do CC, para as finalidades da legislação comercial e societária, são obrigadas ao levantamento anual do balanço patrimonial e a demonstração de resultado econômico.

À obrigação de manter contabilidade sistematizada, através de livros de uso obrigatório, mecanizados ou não, sendo atualmente emitidos por meio de sistemas eletrônicos, ressalvam-se as seguintes disposições, quanto a sua exibição:

> Lei 10.406/2002
> Art. 1.190. Ressalvados os casos previstos em lei, nenhuma autoridade, juiz ou tribunal, sob qualquer pretexto, poderá fazer ou ordenar diligência para verificar se o empresário ou a sociedade empresária observam, ou não, em seus livros e fichas, as formalidades prescritas em lei.
> Art. 1.191. O juiz só poderá autorizar a exibição integral dos livros e papéis de escrituração quando necessária para resolver questões relativas a sucessão, comunhão ou sociedade, administração ou gestão à conta de outrem, ou em caso de falência.
> § 1º O juiz ou tribunal que conhecer de medida cautelar ou de ação pode, a requerimento ou de ofício, ordenar que os livros de qualquer das partes, ou de ambas, sejam examinados na presença do empresário ou da sociedade empresária a que pertencerem, ou de pessoas por estes nomeadas, para deles se extrair o que interessar à questão.
> § 2 º Achando-se os livros em outra jurisdição, nela se fará o exame, perante o respectivo juiz.
> Art. 1.192. Recusada a apresentação dos livros, nos casos do artigo antecedente, serão apreendidos judicialmente e, no do seu § 1 º, ter-se-á como verdadeiro o alegado pela parte contrária para se provar pelos livros.
> Parágrafo único. A confissão resultante da recusa pode ser elidida por prova documental em contrário.

O conjunto normativo acima, faz referência a hipótese de ressalvar o sigilo dessas informações e a produção de provas contrárias aos próprios interesses empresariais.

Prosseguindo-se à análise comentada dessa lei:

> *Lei 11.101/2005*
> *Art. 163. O devedor poderá, também, requerer a homologação de plano de recuperação extrajudicial que obriga a todos os credores por ele abrangidos, desde que assinado por credores que representem mais de 3/5 (três quintos) de todos os créditos de cada espécie por ele abrangidos.*
> *§ 6º Para a homologação do plano de que trata este artigo, além dos documentos previstos no caput do art. 162 desta Lei, o devedor deverá juntar:*
> *I – exposição da situação patrimonial do devedor;*
> *II – as demonstrações contábeis relativas ao último exercício social e as levantadas especialmente para instruir o pedido, na forma do inciso II do caput do art. 51 desta Lei;*

Milani, fls. 437, assim se expressa:

> "599. Demonstrações contábeis – As demonstrações contábeis relativas aos três últimos exercícios sociais e as levantadas especialmente para instruir o pedido, tem ser confeccionadas com estrita observância da legislação societária aplicável e composta obrigatoriamente de: 1) Balanço patrimonial; 2) Demonstração de resultados acumulados; 3) Demonstração de resultado desde o último exercício social; 4) Relatório Gerencial de Fundo de Caixa."

O mesmo autor, logo adiante, traz importante explicação sobre a inclusão de exigência financeira, juntamente com outras exigências estritamente contábeis:

> "600. Relatório de fluxo de caixa. O relatório gerencial de fluxo de caixa constitui uma inovação. A Lei 6404/76 prevê o relatório demonstração de fluxo de caixa?

Em curtíssima resposta ao seu próprio pensamento, fls. 438, esclarece o autor:

> "Assim sendo, antes do advento da Lei 11.638/2007 podia-se perfeitamente sustentar o entendimento de que o relatório gerencial do fluxo de caixa não era, tecnicamente, uma demonstração financeira contábil."

No tocante especificamente a projeção do fluxo de caixa, pondera Coelho, em complemento e aqui citado por Milani, fls. 438:

> "Em relação ao relatório gerencial de fluxo de caixa... Não é apropriado classificar luz como demonstração contábil, posto que os fatos apropriados segundo às normas de contabilidade são sempre pretéritos e não projetados."

Sobre as demonstrações contábeis relativas ao último exercício social não há dúvidas quanto à data de sua emissão, no entanto, aquelas levantadas especialmente para instruir o pedido, referem-se à última competência mensal encerrada, antes da data da instrução processual.

Exemplo, se um pedido entra no dia 10 do mês, o balancete válido será do dia 30 ou 31, do mês anterior. Observamos algumas confusões, quando se tem uma exordial em data, por exemplo, datada do dia 02 de março, cuja demonstração levantada especialmente para instruir o pedido, será datada de 28 de fevereiro.

É comum querer-se vincular ao pedido inicial, o próprio balanço patrimonial encerrado no exercício imediatamente anterior, caso de 31 de dezembro, o que poderá alterar sensivelmente a análise das informações contábeis, financeiras, última análise, patrimoniais.

No art. 186, passamos a comentar:

> *Lei 11.101/2005*
> *Art. 186. No relatório previsto na alínea e do inciso III do caput do art. 22 desta Lei, o administrador judicial apresentará ao juiz da falência exposição circunstanciada, considerando as causas da falência, o procedimento do devedor, antes e depois da sentença, e outras informações detalhadas a respeito da conduta do devedor e de outros responsáveis, se houver, por atos que possam constituir crime relacionado com a recuperação judicial ou com a falência, ou outro delito conexo a estes.*
> *Parágrafo único. A exposição circunstanciada será instruída com laudo do contador encarregado do exame da escrituração do devedor.*

O dispositivo acima remete ao Art. 22, III, "e", obriga ao administrador judicial, na falência, apresentar, no prazo da lei, relatório devidamente fundamentado mediante laudo do contador encarregado do exame da escrituração do devedor, sobre as causas e circunstâncias que conduziram à situação de falência.

A fundamentação do laudo por contador, subsidiará a articulação de razões no sentido de apontar responsabilidade civil e penal de todos que deram causa à tal situação, observado o disposto no art. 186 desta Lei.

A expressão "laudo por contador" não é clara.

Primeiro, referindo-se ao laudo do contador encarregado do exame, pressupõe a nomeação de um perito.

Com aprofundamento na própria legislação profissional é provável que o legislador tenha tratado do laudo pericial contábil, cuja competência técnica da sua elaboração é de Contador.

Não resta qualquer dúvida quanto a esse entendimento, conforme definido no item 2, da Norma Brasileira de Contabilidade – NBC TP 01, de 27 de fevereiro de 2015:

> 2. A perícia contábil constitui o conjunto de procedimentos técnico-científicos destinados a levar à instância decisória elementos de prova necessários a subsidiar a justa solução do litígio ou constatação de fato, mediante laudo pericial contábil e/ou parecer técnico-contábil, em conformidade com as normas jurídicas e profissionais e com a legislação específica no que for pertinente.

Laudo pericial contábil, mediante exame de escrita constitui competência técnica exclusiva de contador, portanto, versando sobre matéria patrimonial, que se constitui no objeto das Ciências Contábeis.

No presente texto legal, em que o laudo do contador versará sobre exame efetuado na escrituração do devedor, trata-se de escrituração comercial ou contábil, portanto, Livro Diário, além das demonstrações contábeis que deve refletir.

Sobre as causas e circunstâncias que conduziram à situação de falência, cabe em princípio, analisar detidamente a evolução dos graus de liquidez e endividamento.

Medidas como comprovar se, no caso de um terceiro requerente da falência, ou mesmo em caso de autofalência, são idôneos os apontamentos escriturais relativos a ser: *i)* credor de importâncias não recebidas..., proveniente de contrato firmados; *ii)* devedor de dívidas questionáveis, sob ponto de vista de sua composição, muito contribuirão para correta exposição circunstanciada, das causas de uma falência.

Sobre este dispositivo, comenta Arthur Migliari Júnior, *in* Comentários a Lei de Recuperação de Empresas e Falência, 2010:

> "Na nova sistemática, o administrador judicial apresentar um relatório, nos termos do art. 186 da LRF, no prazo de 40 dias da assinatura do compromisso... Especificando as responsabilidades civis e criminais eventualmente existente".

Continua o autor:

> "Certo é que apresentar o relatório, com laudo do perito contador, existindo crimes, haverá a possibilidade de formação do inquérito judicial, e apartado dos autos de falência, ou até mesmo por meio de inquérito civil, previsto na Lei número 7437 de 1985, onde o Ministério Público fará a instrução procedimental e colherá os elementos necessários para a verificação da ocorrência de algum crime falar inicial, ou qualquer outro a ele conexos, como se vê na redação final do art. 186".

José Francelino de Araújo, na obra Comentários a Lei de Recuperação de Empresas e Falência, 2009, tece o seguinte pensamento:

"O fundamental deste art. 186 é manter a noção de que a imputação do crime tem que ser clara. Por isso, o administrador judicial deverá fazer uma boa descrição dos fatos e circunstâncias para facilitar a apuração do que efetivamente ocorreu e permitir a realização do juízo da tipicidade, afim de que o representante do MP tenha bases para oferecer a denúncia".

Apreciamos estes autores, pois os mesmos trazem à baila, segundo nossa compreensão, a importância da informação contábil como base de sustentação da caracterização de crimes falimentares, por exemplo.

Ao sugerirem que se apresente "relatório com laudo do perito contador", fundado em "boa descrição dos fatos e circunstâncias", estão exatamente reconhecendo a importância da informação contábil, nesse contexto.

Capítulo 6

PENALIDADES POR INFRAÇÕES À LEI

22. Crimes Falimentares

Estão previstos nos artigos 168 a 178 da Lei de Falências ou Lei de Recuperação de Empresas, e podem ser praticados por devedor, contadores, técnicos, auditores, juiz, representante do Ministério Público, o administrador judicial, os gestores...

O artigo 168 da Lei 11.101/2005 admite os seguintes crimes falimentares:

> Lei 11.101/2005
> CAPÍTULO VII
> DISPOSIÇÕES PENAIS
> Seção I
> Dos Crimes em Espécie
> Fraude a Credores
> Art. 168. Praticar, antes ou depois da sentença que decretar a falência, conceder a recuperação judicial ou homologar a recuperação extrajudicial, ato fraudulento de que resulte ou possa resultar prejuízo aos credores, com o fim de obter ou assegurar vantagem indevida para si ou para outrem.
> Pena – reclusão, de 3 (três) a 6 (seis) anos, e multa.
> Aumento da pena
> § 1º A pena aumenta-se de 1/6 (um sexto) a 1/3 (um terço), se o agente:
> I – elabora escrituração contábil ou balanço com dados inexatos;
> II – omite, na escrituração contábil ou no balanço, lançamento que deles deveria constar, ou altera escrituração ou balanço verdadeiros;
> III – destrói, apaga ou corrompe dados contábeis ou negociais armazenados em computador ou sistema informatizado;
> IV – simula a composição do capital social;
> V – destrói, oculta ou inutiliza, total ou parcialmente, os documentos de escrituração contábil obrigatórios.
> Contabilidade paralela
> § 2º A pena é aumentada de 1/3 (um terço) até metade se o devedor manteve ou movimentou recursos ou valores paralelamente à contabilidade exigida pela legislação.
> Concurso de pessoas
> § 3º Nas mesmas penas incidem os contadores, técnicos contábeis, auditores e outros profissionais que, de qualquer modo, concorrerem para as condutas criminosas descritas neste artigo, na medida de sua culpabilidade.

O conjunto normativo acima, não deixa dúvidas, se é que ainda persistiam, quanto à natureza da informação contábil presente no espírito dessa lei.

Coelho, em Comentários à Lei de Falências e Recuperação de Empresas, 2010, assim leciona:

> "349. A designação de "crime falimentar" – A nova lei de falência não se vale da expressão "crime falimentar" para identificar os crimes por ela tipificados.

O motivo provável é o contido no dispositivo acima que estabelece como condição objetiva de punibilidade não só a sentença declaratória de falência, como também a concessão de recuperação judicial e homologação da recuperação judicial. Deve ter parecido ao legislador que o crime tipificado após a concessão da recuperação judicial ou extrajudicial, mas sim a decretação da falência, não poderia ser mais adequadamente chamado de "falimentar"."

Elaborar ou alterar escrituração ou suas demonstrações contábeis com dados inexatos, omiti-la, destruí-la, apagá-la, corromper seus dados mantidos em computador ou sistema informatizado, simular fatos contábeis que não existem, destruir, ocultar ou inutilizar, total ou parcialmente, documentos obrigatórios, além de manter contabilidade paralela no âmbito de uma falência ou mesmo recuperação judicial, configura crime, a exemplo da seguinte decisão:

APR - Apelação Criminal
Relator(a): MARIO MACHADO
Processo: 20090110332937APR
PENAL. CRIME FALIMENTAR. FRAUDE A CREDORES (ART. 168 DA LEI Nº 11.101/2005). SIMULAÇÃO DE NEGÓCIO. OBTENÇÃO DE VANTAGEM INDEVIDA. DOLO EVIDENCIADO. CAUSA DE AUMENTO (INCISO II DO § 1º DO ART. 168, LEI Nº 11.101/2005). ESCRITURAÇÃO. AUSÊNCIA DE LANÇAMENTOS CONTÁBEIS. FALSIDADE IDEOLÓGICA. ASSINATURA EM CHEQUE. ADMINISTRAÇÃO CONJUNTA DE EMPRESA. CRIME NÃO CARACTERIZADO. Configurada a fraude a credores quando um dos sócios simula negócio com outra empresa, também de sua propriedade, para obter vantagem indevida em detrimento da sociedade que...

Quem pratica atos de gestão, fraudulentos ou não, são sócios, portanto, a estes se deve presumir a intenção de causar prejuízo a credores, inclusive com fim de obter vantagens.

É inequívoco que ao elaborar escrituração contábil ou suas demonstrações, mediante emprego de dados inexatos, não necessariamente requer o concurso de profissional contábil, em razão de que o contabilista não se obriga conhecer a natureza dos documentos que lhes são submetidos na sua tarefa profissional, muito menos, lhe é competência profissional garantir a idoneidade absoluta de tais documentos.

O princípio da boa-fé, quando provado, garante ao contador acusado desse tipo de crime, desonerar-se da imputação penal.

Sentido oposto, cabe a quem acusa, o ônus de provar os fatos constitutivos do direito subjetivo alegado, conforme o disposto no artigo 333, I, do Código de Processo Civil, sob pena de improcedência da sua pretensão.

Art. 171. Sonegar ou omitir informações ou prestar informações falsas no processo de falência, de recuperação judicial ou de recuperação extrajudicial, com o fim de induzir a erro o juiz, o Ministério Público, os credores, a assembléia-geral de credores, o Comitê ou o administrador judicial:
Pena – reclusão, de 2 (dois) a 4 (quatro) anos, e multa.

A quais informações referiu-se o legislador?

Se a instrução de pedidos de recuperação judicial e falência devem observar a colação de documentos de natureza contábil, entre outras, certamente que essa sonegação ou omissão estará relacionada àquela ordem e não a outra, ou pelo menos, não a qualquer outra com exclusão da informação contábil.

Também é fora de dúvidas que para se perseguir essa caracterização delitiva, há que se constatar o dolo, segundo o entendimento que se segue, espelhado em outras decisões judiciais:

> Registro do Acórdão Número: 1038995
> Data de Julgamento: 10/08/2017
> Órgão Julgador: 2ª TURMA CRIMINAL
> Relator: JOÃO TIMÓTEO DE OLIVEIRA
> Revisor: JAIR SOARES
> Data da Intimação ou da Publicação:
> Publicado no DJE : 18/08/2017.
> Pág.: 82/88
> Ementa:
> LEI DE FALÊNCIA. ARTIGO 171. OMISSÃO DE INFORMAÇÃO DE CRÉDITO QUANDO DO AJUIZAMENTO DA AÇÃO DE RECUPERAÇÃO JUDICIAL OU EM SUA TRAMITAÇÃO. APELAÇÃO. MINISTÉRIO PÚBLICO. REQUER CONDENAÇÃO. IMPOSSIBILIDADE. DOLO ESPECÍFICO DE INDUZIR O MAGISTRADO E DEMAIS ATORES PREVISTOS NA LEI A ERRO NÃO CONFIGURADO. RECURSO DESPROVIDO.
> 1. O crime falimentar, previsto no artigo 171, da Lei de Falências, exige o dolo específico de induzir a erro o magistrado, o ministério público, os credores, a assembléia-geral de credores, o Comitê ou o administrador judicial.
> 2. Não se demonstrou, pelas provas acostadas aos autos, que os réus tenham agido de forma dolosa ao não arrolar o crédito existente, antes do ajuizamento da recuperação judicial ou durante a sua tramitação.
> 3. Apelação a que se nega provimento.
> Decisão:
> NEGAR PROVIMENTO. UNÂNIME

Segundo Migliari Júnior, *in* Comentários a Lei de Recuperação de Empresas e Falência, 2010:

> "são três as condutas incriminadas no presente delito, prescrita nos verbos *sonegar*, no sentido de ocultar, esconder, encobrir, encapotar, dissimular etc.; *omitir*, que consiste em faltar, tornar lacunosa, inercial, ausência de ação ou não fazer aquilo que moral ou juridicamente era exigido pela lei etc., tratando-se de uma ação negativa, e *prestar informações falsas* que consiste numa ação positiva, fazendo as declarações, informando, afirmando, falando etc.".

Ainda sobre os crimes classificados no artigo em comento, Araújo, 2009, assim leciona:

> "A distinção oferecida por Nuvolune se apresenta mais adequada para a compreensão do ilícito: a) O ilícito penal não é a falência, b) mas o fato de frustrar a finalidade de um concurso executivo concursal...".

No que respeita à prova dos crimes falimentares, ensina o respeitável Pontes de Miranda, em Tratado das Ações (p. 328):

> "A prova dos crimes falenciais faz-se pelos meios comuns, não só pelo exame da escrituração nem se tem de revelar em tal exame (2ª Câmara Criminal do Tribunal de Justiça do Distrito Federal 20 de setembro de 1950). A natureza e a sequência de atos, positivos ou negativos, por parte do réu de crime falencial e o vulto do prejuízo podem influir, como indicações do grau de culpa... na determinação quantitativa da pena".

Não sendo, contudo, comprovado o dolo previsto no artigo 171, da Lei Falimentar, conforme acima explicado, não há que falar de crime falimentar, muito menos, se ainda não tiver sido decretada a falência cuja condição objetiva de punibilidade das infrações penais descritas nesta Lei, se requer, nos termos do art. 180, da mesma lei.

Derradeiro artigo sob comento, que trata de obrigação contábil instrumental, impõe punição, a saber:

> Omissão dos documentos contábeis obrigatórios
> Art. 178. Deixar de elaborar, escriturar ou autenticar, antes ou depois da sentença que decretar a falência, conceder a recuperação judicial ou homologar o plano de recuperação extrajudicial, os documentos de escrituração contábil obrigatórios:
> *Pena – detenção, de 1 (um) a 2 (dois) anos, e multa, se o fato não constitui crime mais grave.*

A responsabilidade, aqui, está relacionada às pessoas dos sócios da empresa declarada falida por decisão judicial e não ao profissional contábil.

Ressaltem-se, eventuais contornos que tal situação pode ganhar, sobretudo, quando sócios da falida tentam se eximir de suas responsabilidades societárias no que refere à elaboração dos documentos de toda ordem, inclusive contábeis.

Quando a empresa, aqui se trata de falência, contrata profissional habilitado para zelar por sua escrita contábil, impõe-se a esse profissional, responsabilidades quanto à elaboração da escrita contábil, a partir da documentação contábil que lhe houver sido confiada à sua guarda para fins de elaboração a escrita, a qual deve ser comprovada regularmente sua devolução e providências mencionadas no dispositivo acima.

O fato de devolução regular da documentação que instrui a escrituração contábil ou sua comprovação de não ter sido regularmente encaminhada aos escritórios de profissionais de contabilidade, tem o condão de isentar o contabilista de vir a ser responsabilizado pela omissão destes.

Milani, *in* Lei em Recuperação Judicial, Recuperação Extrajudicial e Falência Comentada, 2011, aborda acerca deste dispositivo:

> "Omissão dos documentos contábeis obrigatórias. Sujeito ativo – O tipo penal sob exame é classificado por João Bosco Cascardo de Gouveia como crime doloso, o único de tais crimes punidos com detenção, omissivo, próprio, de perigo presumido ou abstrato, admitindo a suspensão condicional do processo;"

Continua o renomado autor:

> Jane Silva opina:
>
> "Não há necessidade, na hipótese, de que a falta de elaboração, escrituração ou autenticação tenha contribuído para a falência ou recuperação da empresa. A omissão é simplesmente punida sem que se faça necessária a produção efetiva de um resultado lesivo aos credores....". O sujeito ativo da infração penal hora examinada é, por excelência, o devedor de que tenha praticado as condutas incriminadas (...)."

Coelho, sobre mesmo assunto, em Comentários à Lei de Falências e Recuperação de Empresas, 2010, comenta:

> "350. Efeitos da condenação penal por crime falimentar – A condenação por crime falimentar implica ao condenado as seguintes restrições, enquanto não for pessoalmente reabilitado: a) Não poderá exercer atividade empresarial; b) Não pode integrar a administração de nenhuma sociedade simples ou empresária, seja como diretor, seja como membro do conselho; c) Não pode gerir empresa na condição de mandatário, de gestor de negócios."

Assevera, ainda, o festejado autor:

> "Esses efeitos não são necessários de qualquer sentença declaratória de falência e devem ser motivadamente declarados na sentença penal. Quando assim ocorrer eles perduram por até cinco anos após a extinção da punibilidade, salvo se o condenado ou haver a reabilitação penal antes disso."

23. Responsabilidade Civil e Penal do Contador

Sá, 2009, leciona, fls. 430:

> Responsabilidade contábil, "...responsabilidade de quem exerce a função contábil; encargo ou obrigação do contabilista".

Decorre daí, corroborando-se o comando de Código Civil (Lei 10.406/2003), que define no seu artigo 186, que, aquele que por ação ou omissão voluntária, negligência ou imprudência, violar direito e causar dano a outrem, ainda que exclusivamente moral, comete ato ilícito.

O mesmo diploma legal (art. 927) prevê que aquele que, por ação ou omissão voluntária, negligência, ou imprudência, violar direito, ou causar prejuízo a outrem, fica obrigado a reparar o dano (reparação civil).

Oliveira, 2005, fls. 48, assim esclarece sobre o assunto:

> "Para responsabilização, em regra, deve ser comprovada a ocorrência de dano, "a culpa em sentido amplo" e verificado o nexo de causalidade entre a ação ou omissão e o evento danoso".

Com efeito, as eventuais consequências que decorram da informação contábil, percorrerão longo caminho para vincularem os profissionais que por estas respondem ou venham a causar determinado dano, sejam responsabilizados diretamente, observando-se, ainda, independente que quem as julgue, as disposições legais contidas nas Normas brasileiras de Contabilidade, em relação às quais, exige-se, minimamente, que a comprovação de fraude contábil se dê ante efetiva prova de omissão ou manipulação, de transações, adulteração de documentos, registros e demonstrações contábeis, assim caracterizadas:

a) manipulação, falsificação, ou alteração de registros ou documentos, de modo modificar os registros de ativos, passivos e resultado.

b) apropriação indébita de ativos

c) supressão ou omissão de transações nos registros contábeis.

d) registro de transações sem comprovação, e

e) aplicação de práticas contábeis indevida.

Não havendo, contudo, segurança razoável de que as demonstrações contábeis como um todo estejam livres de distorção relevante, nos termos aplicáveis em auditorias, independentemente se causadas por fraude ou erro, já se terá indício necessários para eventual erro profissional.

Portanto, independentemente de culpa, nos casos especificados em lei, ou quando a atividade normalmente desenvolvida pelo autor do dano implicar, por sua natureza, risco para os direitos de outrem, também haverá obrigação de reparar o dano.

Sob aspecto penal, diversas legislações tais como Código Penal, a Lei 8.137/90 que trata de crimes (fiscais) conta a ordem tributária, esta própria Lei 11.101/2005 a Lei 7.492/86, que os crimes contra o sistema financeiro nacional, os chamados crimes contra o colarinho branco, entre outras legislações, atribuem condições quanto à atividade do contador que incorra em condutas criminosas, seja ele o próprio autor destas, seja coautor quanto ao cometimento ou perpetração de variados crimes.

Nos sentidos trazidos por essas normas, a ninguém, muito menos ao profissional da contabilidade é dado direito de se defender alegando desconhecer leis ou seus conteúdos, sobretudo porque *"Toda norma jurídica sobre matéria contábil advém de lei ou ato normativo derivado de lei"*, como ensina Andrade Filho, 2010, fls. 16.

Balizando a conduta profissional do contador, quando no exercício de funções contábeis ou que decorram de sua profissão, encontram-se as diretrizes ético-profissionais:

> NORMA BRASILEIRA DE CONTABILIDADE, NBC PG 01, DE 7 DE FEVEREIRO DE 2019
> Aprova a NBC PG 01 – Código de Ética Profissional do Contador.
> São deveres do contador:
> exercer a profissão com zelo, diligência, honestidade e capacidade técnica, observando as Normas Brasileiras de Contabilidade e a legislação vigente, resguardando o interesse público, os interesses de seus clientes ou empregadores, sem prejuízo da dignidade e independência profissionais;

Segundo Oliveira. 2005, fls.43:

> "No caso da responsabilidade civil o interesse é diretamente do lesado. É o interesse privado".

Aduz, ainda, o referido autor:

> "Na responsabilidade penal, o agente infringe uma norma de direito público e seu comportame3nto perturba a ordem social".

Por fim, porém, não encerrando a ampla e diversificada lista de exigências que se impõem aos profissionais de Contabilidade, uma delas, singular, deve submeter a todos os que pretendem se habilitar à honrosa função de administrador judicial, qual seja:

> b) recusar sua indicação em trabalho quando reconheça não se achar capacitado para a especialização requerida;

Aqui repousa a sabedoria de um profissional.

Nossas considerações finais, que absolutamente encerram nossos comentários e percepções sobre esta lei e suas recentes alterações, em face às normas específicas da Contabilidade e outras que interferem direta e indiretamente na conduta profissional do contador, se dão na certeza:

i) que tudo quanto expressamos aqui, de forma absolutamente despretensiosa, refletem especialmente o exercício profissional prático, permanentemente cotejado e sempre corrigido por renomados autores e doutrinadores;

ii) que esse importante mecanismo legal (Lei 11.101/05), de fato, atende ao seu propósito, permitindo que empresas sérias sejam efetivamente recuperadas, com o concurso necessário do profissional de contabilidade;

iii) da criação ou reestruturação das atuais varas cíveis e empresariais existentes no TJ-PA e outras unidades federadas do país, em varas especializadas nessa matéria;

iv) que não existe um profissional melhor que o outro, mas uma lei que exige diversas expertises que se completam.

REFERÊNCIAS BIBLIOGRÁFICAS

ALMEIDA, Amador Paes de. Curso de Falência e Recuperação de Empresas. 28ª edição. São Paulo: Editora Saraiva, 2017.

ARAÚJO, José Francelino de. Comentários a Lei de Recuperação de Empresas e Falência, São Paulo: Editora Saraiva, 2009.

AZEVEDO, Osmar Reis. Comentário às Novas Regras Contábeis Brasileira, 5ª Edição, São Paulo: IOB, 2020.

COELHO, Fábio Ulhôa. Comentários à Lei de Falências e de Recuperação de Empresas, 7ª edição, São Paulo: Editora Saraiva, 2010.

DINIZ, Maria Helena. Lições de Direito Empresarial, São Paulo: Editora Saraiva, 2011.

FERNANDES, José Luís Nunes. Custos para Gestão, Belém-PA. Gráfica SUDAM. 1998.

FILHO, Edmar Oliveira Andrade. O Direito Contábil e a disciplina Jurídica das Demonstrações Financeiras. São Paulo: Prognose Editora, 2010.

FILHO, Manoel Justino Bezerra. Lei de Recuperação de Empresas e Falências. 14ª Edição. São Paulo: Thompsom Reuters, 2019.

IUDÍCIBUS, Sérgio de. Análise de Balanços. 5ª edição, São Paulo: Editora Atlas, 1988.

IUDÍCIBUS, S; Marion, J. C.; Pereira, E. Dicionário de Termos de Contabilidade. 2ª edição, São Paulo: Editora Atlas, 2003.

JESUS, Fernando de. Perícia e Investigação de Fraude. 3ª edição. Goiânia-GO.: AB Editora, 2005.

JÚNIOR, Arthur Migliari, *in* Comentários a Lei de Recuperação de Empresas e Falência 4ª edição, São Paulo: Saraiva, 2010.

MILANI, Mário Sérgio. Lei em Recuperação Judicial, Recuperação Extrajudicial e Falência Comentada, São Paulo: Malheiros Editores, 2011.

MCCULLERS, L. D.; VAN DANIKER, R. P.; Introdução à Contabilidade. Rio de Janeiro: Editora Interciência, 1978.

MELLO, Antônio Lúcio Martin de. Práticas Contábeis & Renascimento, Belém: Editora Grafisa, 1982.

MIRANDA, Pontes de. Tratado de Direito Privado. Campinas: BookSeller Editora, 2001.

OLIVEIRA, Celso Marcelo de. Responsabilidade Civil e Penal do Profissional de Contabilidade. São Paulo: IOB-Thompsom. 2005.

NEGRÃO, Ricardo. Falência e Recuperação de Empresas. 6ª edição. São Paulo: Editora Saraiva, 2019.

OLIVEIRA, Celso Marcelo de. Responsabilidade Civil e Penal do Profissional de Contabilidade. São Paulo: IOB-Thompsom. 2005.

SÁ, Antônio Lopes de. Fraude Contábeis, Rio de Janeiro: Editora Tecnoprint Ltda, 1982.

_____. A Contabilidade como Ciência, 2007. Disponível em: <http://www.antoniolopesdesa.com.br/wp-content/uploads/2012/03/A CONTABILIDADE--COMO-CI%C3%8ANCIA-ok.doc>. Acesso em 12 de dez. de 2020.

SÁ, Antônio Lopes de.; SÁ, Ana Maria Lopes de. Dicionário de Contabilidade. 11ª edição, São Paulo: Atlas, 2009.

SÁ, Antônio Lopes de. História Geral e das Doutrinas da Contabilidade, São Paulo: Editora Atlas e Editora Vislis, Lisboa.

SIQUEIRA, Júlio Cesar Teixeira de. Recuperação Judicial de Empresas Médias e Pequenas. São Paulo: Trevisan Editora. 2016.

TOLEDO, Paulo F. C. Salles de.; ABRÃO, Carlos Henrique. Comentários à Lei de Falências e de Recuperação de Empresas, 4ª ed., São Paulo: Saraiva, 2010.

VALVERDE, Trajano de Miranda, Comentários à Lei de Falências, Forense, 4ª Edição, vol. I

ZANNA, Remo Dalla. Contabilidade Instrumental para Peritos, 2ª edição, São Paulo: IOB SAGE, 2016.

ALL PRINT
EDITORA
www.allprinteditora.com.br
info@allprinteditora.com.br
Fone: (11) 2478-3413